AF567656

Widerstände

Iris Därmann

Widerstände

Gewaltenteilung *in statu nascendi*

Matthes & Seitz Berlin

Für Andreas
(*17. März 1963 – †31. August 2020), immer

Inhalt

Vorbemerkung

Emmanuel Lévinas wurde am 18. Juni 1940 als Angehöriger der 10. Armee in Rennes interniert und kurze Zeit später in das am 23. September 1939 in Betrieb genommene Kriegsgefangenen-Mannschafts-Stammlager des Wehrkreises XI B Fallingbostel verbracht. Über dem Eingangstor des »Stalags« befand sich die Nummer 1492, »das Jahr der Vertreibung der Juden aus Spanien unter Ferdinand V. dem Katholischen«,[1] wie Lévinas in *Nom d'un chien* berichtet. Das Lager mit seinen 58 Baracken, das nur 50 Kilometer von dem 1943 eröffneten Konzentrationslager Bergen-Belsen entfernt lag, war in ein Hauptlager und in etwa 100 Arbeitskommandos unterteilt, innerhalb derer die Kriegsgefangenen aus Australien, Belgien, Frankreich, Großbritannien, Italien, den Niederlanden, Polen, Serbien, der Sowjetunion, der Tschechoslowakei und den USA gegen Vermietung auf den umliegenden Fabriken und Bauernhöfe zur Zwangsarbeit eingesetzt wurden.[2] Auch wenn die jüdischen Kriegsgefangenen, sofern sie französische Uniformen trugen, von »der Hitlerschen Vernichtungswut« ausgenommen waren, so waren sie doch, wie sich Lévinas deutlich erinnert, für die freien Deutschen, die sie zur Arbeit zwangen, ohne menschliches Gesicht. Die Zivilisten, Frauen und Kinder, sowie die bewaffneten Landesschützen, die mit den 70 jüdischen Kriegsgefangenen in einem der Waldarbeiterkommandos verkehrten, »beraubten uns«, so Lévinas, »unserer Menschenhaut. Wir waren nur noch quasi-menschlich, eine Affenbande. Wie es die Kraft und das Elend der Verfolgten ist: Ein dünnes inneres Gemurmel erinnerte uns an unser Dasein als Vernunftwesen. Doch wir waren nicht mehr auf der Welt.«[3]

In dieser Situation geschah es, dass für einige Wochen ein streunender Hund in das Leben der Kriegsgefangenen einbrach, bevor er von den Wachen wieder verjagt wurde:

> Er vegetierte in einem verlassenen Winkel irgendwo im Umkreis des Lagers. Wir aber nannten ihn Bobby, ein exotischer Name, wie man ihn seinen Lieblingen gibt. Er erschien zum Morgenappell und erwartete uns bei der Rückkehr, fröhlich umherspringend und bellend. Für ihn – das stand außer Zweifel – waren wir Menschen.[4]

Nachdem er 1945 erfahren musste, dass seine Eltern, Dwora Gurwitch und Jehiel Lévinas, und seine beiden Brüder, Boris und Aminadab,[5] in Kanaus (Litauen) von Deutschen mit Maschinenpistolen erschossen worden waren, schwor Emmanuel Lévinas, der im Sommersemester 1928 und im Wintersemester 1928/29 bei Edmund Husserl und Martin Heidegger in Freiburg Philosophie studiert hatte,[6] niemals wieder deutschen Boden zu betreten. Über die Auslöschung seiner Familie hat er nicht gesprochen.[7] In Lévinas' zweitem Hauptwerk *Jenseits des Seins oder anders als Sein geschieht* erinnert die Widmung aber auch an sie:

> Dem Gedenken der nächsten Angehörigen unter den sechs Millionen der von den Nationalsozialisten Ermordeten, neben den Millionen und Abermillionen von Menschen aller Konfessionen und aller Nationen, Opfer desselben Hasses auf den anderen Menschen, desselben Antisemitismus.[8]

Darunter, in Hebräisch:

Dem Gedenken meines Vaters, der mein Lehrer war, Rabbi Jehiel, Sohn Abraham Halevys, meiner Mutter und Wegweiserin Dwora, Tochter Rabbi Mosches, meiner Brüder Dov, Sohn Rabbi Jehiel Halevys, und Aminadab, Sohn Rabbi Jehiel Halevys, und meiner Schwiegermutter Malka, Tochter Rabbi Chaims.

Möge ihre Seele in die Bande des Lebens eingeschlossen sein.[9]

Emmanuel Lévinas verdanken wir die wohl herausfordernste Genealogie der Ethik im 20. Jahrhundert. Im Mittelpunkt steht der »ethische Widerstand« desjenigen, der angesichts der Waffe, die unmittelbar auf ihn gerichtet ist, keine Widerstandskraft mehr besitzt, allenfalls die »*Unvorhersehbarkeit* seiner Reaktion«.[10] Der »ethische Widerstand« geht vom Anderen *als* Anderem, genauer von der »vollkommenen Blöße seiner schutzlosen Augen«[11] aus, die denjenigen Mordwillen in Frage stellt, der auf die Vernichtung seiner Andersheit zielt. »Der Widerstand dessen, der keinen Widerstand leistet«, zerreißt die Macht des Befehls und des Gesagten durch das Ereignis eines Sagens, das besagt: »Du wirst keinen Mord begehen«.[12] Es ist die Kraft- und Wehrlosigkeit des Anderen, die das »eigentliche Können des Vermögens«[13] zu töten für einen irreduziblen Moment, von-Angesicht-zu-Angesicht, ins Stocken bringt.

Dieser unbedingte ethische Anspruch ereignet sich vor jedem faktischen Sein und vor jedem normativen Sollen. Der im Gesicht des Anderen »lesbare Widerstand gegen den Mord«[14] trifft und betrifft denjenigen, der im Begriff steht, den Mord zu begehen, mit der »Unmöglichkeit, sich zu entziehen«.[15] Man kann nicht *nicht* auf die unmittelbare »Heteroaffektion«[16] durch den ethischen Widerstand antworten.[17] Hier spätestens setzen Handlungsmacht und Verantwortung erneut ein, die des Täters nämlich, der Versuchung des

Mordes nachzugeben und den Anderen tatsächlich zu töten, oder es nicht zu tun: »[J]edes Tunkönnen« birgt »immer auch ein Nichttunkönnen.«[18] Lévinas zeigt die Geburt des Ethischen in konkreten Situationen von Ohnmacht und Macht, Auslieferung und Gewalt auf, ausgehend von einem kraft- und gewaltlosen Widerstand, der dem gewaltsamen »Imperialismus des Selben«[19] einen Wimpernschlag lang Einhalt gebietet. Die Ausübung von Gewalt zielt darauf ab, *»jemanden als etwas [zu] behandel[n]«*,[20] darauf, jemanden zu etwas zu machen. Der ethische Widerstand geht über jede Totalität hinaus und irritiert die Gewalt, die auf die Vernichtung des Anderen *als* anderer Mensch zielt. Diese Andersheit jedoch lässt sich weder durch den Mord noch auch durch die Beseitigung des Leichnams auslöschen. Die »Spur des Anderen«[21] insistiert und rührt an eine Wiederkehr des Verdrängten.

Lévinas' Ethik als Erste Philosophie kann als eine Art Leitfaden für eine »undisziplinierte«[22] Form von Widerstandsforschung dienen, die auf ein historisch-kulturell breites Spektrum von Praktiken, Passivierungen, Aisthetiken, Geschichten und Theorien abzielt. Was hätte eine solche Widerstandsforschung zu gewärtigen? Welche Grenzen müsste sie in Frage stellen oder markieren? Vor welchen historischen Romantisierungen und ästhetischen Überschätzungen hätte sie sich zu hüten? Das Begehren, Widerstand selbst noch dort zu finden, wo er beinahe unmöglich erscheinen musste oder sich bestenfalls in unscheinbaren, verstreuten und ephemeren Ereignissen artikulierte, könnte nicht nur von einer generellen Herrschaftsverachtung herrühren, sondern auch Gefahr laufen, Gewalt- und Machtverhältnisse zu verharmlosen und in ihrer Spezifik zu verkennen. Widerstandsforschung muss daher zugleich Gewaltforschung sein, mit erheblicher historischer »Kontextsensibilität«[23] ausgestattet sein und ein psychoanalytisch reflektiertes Verhältnis zu ihrem eigenen Untersuchungsbegehren unterhalten: Wer Widerstände untersucht, könnte je schon wähnen, auf der richtigen Seite zu stehen und in ein identifikatorisches, undelegiertes und verstärkendes Sprechen für jene Vielen und Namenlosen einzutreten, deren Stimmen ungehört geblieben bzw. als »Geräusch« denunziert worden sind.[24] Demgegenüber ist es wohl geboten, Vielstimmigkeit und Multiperspektivität in Betracht zu ziehen und nicht zuletzt unsicheren Grenzverläufen, Verzweigungen und Beziehungsnetzen zwischen Macht und Widerstand, Gewalt und Gegengewalt nachzugehen.

Neben Sprödigkeit gegenüber der eigenen Motivlage bedarf es gerade auch der Gegenprobe: Es geht darum, dass (Un-)Mögliche des Widerstands zu denken und dessen Abwesenheitsformen zu untersuchen, wo nötig, »dem Widerstand [zu] widerstehen«,[25] verknüpft freilich mit der (nicht nur philosophischen) Frage, ob es überhaupt möglich ist, Menschen *restlos* auf einen bloßen Körper, auf Haut, Knochen und Fleisch zu reduzieren, sie zu »Werkzeugen«, »Händen«, »Stücken« zu machen. Gibt es eine irreduzible humane Resistenz gegenüber absoluter Verfügungsgewalt? Gewalträume[26] ohne Handlungsmöglichkeiten, die auf Seiten von Tätern, Unterstützern und Zuschauern zur Entschärfung oder Verschärfung von Gewalt genutzt werden könnten, sind ebenso wenig denkbar wie solche, die nicht zugleich von dissidenten Kräften in Frage gestellt werden könnten, auf Seiten derer, die isoliert, markiert, versklavt, animalisiert, gefoltert, gedemütigt, rechtlos gemacht und vernichtet werden (sollen). Andernfalls handelte es sich um totale, ganz und gar erfolgreiche Gewalträume, in denen nichts Menschliches mehr im Spiel wäre. Menschliche Handlungen und menschliches Leiden behalten daher potenzielle Spielräume des Andershandelnkönnens und des Außerordentlichen, des »Eigensinns«[27] und des Ereignisses, selbst in Extremsituationen: Der (nicht nur) philosophische Einsatzpunkt eines »politischen Humanismus«[28] zielt daher auf die Untersuchung der Frage, inwiefern sich Menschen in Gewalträumen nicht *rest- und widerstandslos* menschlicher Gewalt fügen. Es geht nicht um Frontstellungen, sondern um Gewichts- und Akzentverschiebungen zwischen Gewalt- und Widerstandsforschung. Das eine kann nicht ohne das andere unternommen werden. Anstatt ausschließlich die Effektivität von Gewalt zu untersuchen und sie damit für »absolut« zu erklären, wie es die neuere Gewaltforschung *sensu* Wolfgang Sofsky,[29] selbst wenn sie das Leiden der Opfer ins Zentrum zu rücken sucht,[30] tendenziell durchaus tut,[31] geht es darum, *gleichzeitig auch* deren Grenzen im Modus ihrer punktuellen Schwächung und Unterbrechung – und das heißt, eine Gewaltenteilung *in statu nascendi* durch Widerstand – aufzuzeigen.

In konkreter Perspektive handelt es sich darum, noch unterhalb von Attentaten, revolutionären Großereignissen, Klassenkämpfen, Massenaufständen, Protestbewegungen und ihren medialen wie öffentlichen Verlautbarungsweisen einen radikal erweiterten Widerstandsbegriff zu konturieren sowie flache Widerstandsformen in den Blick zu nehmen, die sich in der Spanne und Spannung zwischen *vita activa* und *vita passiva*, Überleben und Freitod, Entgegentreten und Sich-Entziehen, öffentlicher Sichtbarkeit und Verborgenheit, Präsenz und historischer Nachträglichkeit, Intention und Effekt, Singularität und Kollektivität bewegen, in ihren Eskalationskräften einerseits, in ihren Spurenbereichen und geringfügigen Resten andererseits.

Wer oder was insistiert im Widerstehen? Wie verlaufen Mikrophysiken von Gewalt und Widerstand? Wo werden wir philosophisch, ideengeschichtlich, theoretisch, fallgeschichtlich, historisch, praktisch und aisthetisch fündig? Werden wir überhaupt fündig?

I.
Traditionsstränge

Im westlichen Denken finden sich, Widerstand und Widerstandserfahrungen betreffend, mindestens drei große Traditionsstränge.

(1) Der eine, erkenntnistheoretisch orientierte Strang, der von Fichte über Maine de Biran, Wilhelm Dilthey bis hin zu Max Scheler, Nicolai Hartmann und Martin Heidegger reicht,[1] setzt die Widerstandserfahrung als »Ursprung unseres Glaubens an die Realität der Außenwelt« an, wie der Titel des einschlägigen Aufsatzes Wilhelm Diltheys lautet. Die Bedeutung der »äußeren Erfahrung« liege im »Finden« und »Vorfinden«, nicht aber im »Erfinden von Wirklichkeit«:[2] Jeder Erfahrungszusammenhang, in dem etwas Hemmendes, Drückendes, Unerwartetes, Affizierendes oder Gewaltsames den eigenen Willensvollzügen und Intentionen widerstreite,[3] in der uns also etwas »Fremd-Selbständiges entgegentritt«, das »nicht in uns selber gelegen ist«,[4] sei eine Grenz- und Widerstandserfahrung mit unkonstruierbarem Realitätsgehalt. Wirklichkeit mache sich durch Wirksamkeiten, Widerfahrnisse und bezwingende Gegenkräfte bemerkbar: »Nur was auf uns wirkt, ist für uns da.«[5]

Ausgehend von der Psychologie Johann Friedrich Herbarts haben Edmund Husserl und Sigmund Freud demgegenüber komplexere Kraft-Sinn-Konstellationen ausgearbeitet. Für Husserl setzen Widerstands- und nicht zuletzt Widerstreitserfahrungen, die die »Einstimmigkeit«[6] von Erfahrungsverläufen in der Konstitution von Wirklichkeit irritieren, Modifikationen von Welt und Modalisierungen von Wirklichkeit in Gang; Affektionen, die von widerständiger »Kraft«, »Intensität«, »Auffälligkeit«, »Aufdringlichkeit« und »Entgegendrängen« herrührten,[7] weckten an der Schwelle des Bewusstseins Antworttendenzen und »antwortende Tätigkeiten« des Ich wie Zuwendung, Aufmerksamkeit, Erfassung.[8] Hier konnte Lévinas' Ethik der Heteroaffektivität anknüpfen.

Freud erkannte in den Widerständen, die er freilich nicht als reale Ereignisse in der Welt und als faktische Veranlassungen, sondern vielmehr als »psychische Mächte gegen sich« wusste, sofern sie den Fortlauf der analytischen Arbeit »stören«,[9] dieselben Kräfte am Werk, die auch bei Abwehr und Verdrängung im Spiel sind.[10] »[Der Kranke] kann offenbar gar nicht anders als Widerstand leisten.«[11] Es ist schon oft bemerkt worden, dass die Geburtsstunde der Psychoanalyse mit dem Widerstand gegen die hypnotische Suggestion und der Preisgabe der Hypnose als Technik der kathartischen Methode zusammenfällt. Damit gab Freud »Anna O.«, der späteren jüdischen Frauenrechtlerin und Sozialreformerin Bertha Pappenheim recht, die kraft ihres Widerstands gegen die Hypnose der »talking cure«[12] zum Durchbruch verhalf, sowie all jenen Analysandinnen, die sich mittels Gegensuggestionen gerade nicht durch Hypnose willen- und bewusstlos machen lassen wollten. Bevor er sich jedoch von der Unbeugsamkeit, zumal der »inneren Widerstände«, gegenüber suggestiv-hypnotischer und diskursiv-deutender Gewalt überzeugt hatte und stattdessen Sprech- und Hörallianzen mit Analysandinnen zu schließen verstand[13] sowie Prozesse des »Wiederholens, Erinnerns und Durcharbeitens«[14] in den Mittelpunkt der analytischen Arbeit stellte, nahm er durchaus an, dass es nötig sei, den Widerständen »den Herrn [zu] zeigen«.[15]

Freuds Sprache despotischer Machtdemonstration ruft die Frage nach einem analytischen Widerstandsrecht wach: Muss man der Psychoanalyse in der Analyse widerstehen,[16] gegen die Regeln verstoßen, nicht alles sagen und preisgeben, um das Nichtwollen selbst, die Verneinung, das Zurückweisen und Widerstehen, vor allem freilich das mutige Wahrsprechen,[17] im geschützten Raum der Analyse zu erproben und zu kultivieren? Es handelt sich um die

> Freisetzung einer wiedergefundenen Spontaneität, befreiten Sprache, ein endlich zurückerstattetes Recht auf freie Rede, ein aufgehobenes Verbot. […] Man könnte es sogar wagen und behaupten, daß gewissermaßen in jeder Analysesitzung eine Art-Mikro-Revolution stattfinden sollte[.][18]

Zweifellos wird immer mehr Scharfsinn, Fintenreichtum, List, Mut und affektive Kraft erforderlich sein, um zu widerstehen, als es nicht zu tun, vor allem aber, als Befehle zu erteilen und Gewalt auszuüben. Es gibt keine Schule des organisierten Widerstands, in der Widerstandsproben abgegeben und Widerstandskünste eingeübt würden. Vermutlich können nur institutionengeschichtlich bzw. organisationssoziologisch bewanderte Untersuchungen von Fall zu Fall das Rätsel lösen,[19] warum Befehlsverweigerung und Widerstand in Institutionen und Organisationen ungleich seltener auftritt und unwahrscheinlicher erscheint als die mehrheitsfähigeren und willfährigen Praktiken des Zuschauens, Nachgebens, Einwilligens und Mitmachens.[20] Widerstand ist eine riskante Praxis der gefährlichen Improvisation und des bedrängenden Augenblicks in ihrer ganzen Aktivitäts- und Passivitätsfülle. Umso mehr bedarf es heute, im Namen einer unbedingten, »kommenden Demokratie«,[21] die durch alle Verhältnisse, sozialen Medien, Institutionen und Organisationen hindurch geht, der Praktiken und Künste des Widerstands gegenüber jenen Kräften und Akteuren, die sie gefährden und angreifen. Widerstand ist ein genuin demokratischer »Gegenstand«.[22]

(2) Vom Widerstand geht, je nach Perspektive, eine teils politische Anziehungskraft, teils bedrohliche Macht aus, die zu der zweiten europäischen Traditionslinie, der des Widerstandsrechts, führt. Hobbes schließt diese Traditionslinie in seiner Schrift *Leviathan* warnend mit der Lektüre griechischer und römischer Klassiker kurz, die zur »Nachahmung« verleiteten, indem sie das destabilisierende »Gift« der »Tyrannophobie« selbst in absolute Monarchien einführten und im Namen demokratischer Freiheit Rebellionen und Tyrannenmord Vorschub leisteten.[23] In der Tat ist die Frage des Widerstands seit der Antike mit der Tyrannislehre und der Bestimmung normativer Kriterien zum Zweck der kritischen Unterscheidung zwischen gerechten und ungerechten Herrschaftsformen verknüpft.[24]

Das Widerstandsrecht wiederum stützt sich auf den Grundsatz, dass die freie und gleiche Bürgerschaft respektive das »Volk« berechtigt sei, sich eines unrechtmäßigen Usurpators oder ungerechten Herrschers zu entledigen, um seiner illegitimen Herrschaft bzw. seinem Amtsmissbrauch Einhalt zu gebieten, nötigenfalls durch Umsturz und Anschlag auf sein Leben. Zweifellos bildet der Tyrannismord das alteuropäische Passepartout für das neuzeitliche und moderne Widerstandsrecht gegen staatliches Unrecht und Gewaltherrschaft, bei Montesquieu durch die Ausarbeitung des Despotie-Begriffs aus liberaler Begründungsperspektive, bei Rousseau »in radikal-demokratischer Fassung des Despotie-Begriffs«[25] und unter Berufung auf die natürliche Freiheit der Bürger, die wiederzuerlangen diese das Recht hätten, für den Fall, dass der Souverän die künstlichen Freiheitsrechte lädierte.[26] Seit der Enthauptung Ludwig XVI. und zumal mit Erklärung der Menschenrechte eröffnete sich, neben dem Despotenmord als einem politischen, dem Allgemeinwohl dienenden Rechtsinstitut, eine zweite, gewissermaßen individualrechtliche bzw. subjektive Begründungsmöglichkeit für das Widerstandsrecht, das zur Verteidigung der Menschenrechte in Anspruch genommen werden konnte.[27] Kraft *Erklärung der Menschen- und Bürgerrechte* sprach die Constituante am 26. August 1789 »den Menschen« mit Artikel II die Grundrechte »Freiheit, Eigentum, Sicherheit und das Recht auf Widerstand gegen Unterdrückung« zu. Allerdings eröffnete sie damit einen menschenrechtlichen Konflikt: Als Menschen waren Sklaven frei, als Eigentum jedoch gehörten sie zum »unveräußerlichen Recht« ihrer »Eigentümer«.[28] Mit Beginn der Revolution auf Saint-Domingue »[setzten] die Abgeordneten« der Nationalversammlung die »Erklärung der Menschenrechte für die Kolonien außer Kraft« und sprachen »den Kolonialversammlungen das Recht zu [...], für die *gens de couleur* eigene Rassegesetze zu erlassen.«[29] Die Tür, die mit der Erklärung der Menschenrechte weit aufgestoßen worden war, dass nämlich das Widerstandsrecht sich nicht ausschließlich gegen einen ungerechten Herrscher und illegitimen Despoten richten müsse, sondern gerade auch zur Verteidigung unveräußerlicher Menschenrechte und gegen Unterdrückung eingesetzt werden konnte, wurde im Hinblick auf die vielen Millionen entrechteter, gewaltsam versklavter Menschen in Frankreich und in den französischen Kolonien – allein 500.000 verrichteten 1790 und 1791 Zwangsarbeit auf den Kaffee- und Zuckerrohrplantagen Saint-Domingues[30] – wieder verriegelt. Das aus der Französischen Revolution hervorgegangene Recht auf Widerstand gegen Unterdrückung wurde halbiert und zwischen Europa und den Kolonien aufgeteilt.

Gayatri Chakravorty Spivak verwendet ein drastisches Bild, um unser Verhältnis zur Französischen Revolution und zur europäischen Aufklärung zu bestimmen. Sie vergleicht die Aufklärung mit einem Kind, das aus einer Vergewaltigung hervorgegangen sei, und das wir dennoch lieben müssten. Nehmen wir Spivak beim Wort, dann gilt es, der mit der Aufklärung verflochtenen kolonialen Gewalt historisch wie theoretisch ins Auge zu sehen, und doch zugleich zu lernen, dieses Kind im Namen der Menschenrechte, der Freiheit, der Gleichheit und der Geschwisterlichkeit zu lieben.[31] Jedoch marginalisiert auch dieser herausfordernde, gefühlspolitische Appell die revolutionären Mikro- und Makropolitiken in den europäischen Kolonien und Gewalträumen, die darauf zielten, den halbierten politischen Humanismus in einen konkreten und universalen Humanismus zu verwandeln.

Denn »die Revolution« war kein exklusiv europäisches Privileg. Das für weiße Zeitgenossen »undenkbare« Ereignis, als welches der Historiker Michel-Rolph Trouillot[32] die Haitianische Revolution bezeichnet hat, sandte Schockwellen nach Europa und ein Leuchtfeuer der Selbstbefreiung in die übrigen Kolonien.[33] Im August 1791 begann im Norden der Halbinsel der erste Aufstand und leitete einen revolutionären Prozess ein, der 1804 zur Gründung des ersten unabhängigen »schwarzen Nationalstaates«[34] Haiti führte. Von Historiografen der Revolutionsgeschichte wurde die Haitianische Revolution indes ebenso »unvernehmlich«[35] gemacht wie von europäischen politischen Denkern und Revolutionstheoretikerinnen. Anders als die Amerikanische, anders auch als die Französische Revolution, erschien die Revolution in der Karibik noch weit bis ins 20. Jahrhundert hinein wie ausgelöscht und spurenlos gemacht. In Hannah Arendts Schrift *Über die Revolution* findet sich kein einziger Hinweis darauf, stattdessen die fehlerhafte Einlassung, »daß es weder im Altertum noch in der Neuzeit je zu wirklichen, geschichtlich ernstzunehmenden Sklavenaufständen gekommen ist«.[36]

Wie Hegel,[37] so hatten auch Marx und Engels Kenntnis von den revolutionären Ereignissen in Haiti. In *Die Deutsche Ideologie* bot Max Stirners *Der Einzige und sein Eigentum* eine Angriffsfläche. Stirner, so heißt es dort, bildete sich ein, dass »die revolutionierenden Neger von Haiti und die weglaufenden Neger aller Kolonien [...] nicht sich, sondern ›*den* Menschen‹ befreien wollen.«[38] Marx und Engels bestritten jedoch energisch, dass der Selbstbefreiung durch Marronage – die massenweise Flucht von den kolonialen Plantagen – und der Haitianischen Revolution ein anderer als ein selbstbezüglicher Sinn, ein über die eigene Gegenwart hinausweisender Befreiungsanspruch für »den Menschen« zukomme,[39] im großen Unterschied zum Klassenkampf zwischen Proletariat und Bourgeoisie, der, »auf seinen höchsten Ausdruck gebracht, eine totale Revolution bedeutet.«[40] Sie wehrten das für Europäer und Sklavenhalter gleichermaßen ungeheuerliche Ereignis ab: das einer schwarzen Revolution mit immenser Ausstrahlungskraft für jede weitere Revolte. Von einem multiethnischen Verständnis des Proletariats und Vorstellungen eines revolutionären Transatlantik mit vielgestaltigen Formen aktiven und passiven Widerstands waren Marx und Engels denkbar weit entfernt.[41] »Widerstand« war ein in der marxistischen Revolutionstheorie selten positiv besetzter Begriff.[42] Er diente vor allem dazu, die repressive Gegenwehr der Stände, der Fabrikanten, der Bourgeoisie, der Regierung, der Gendarmerie und Polizei gegen das aufbegehrende »Volk« bzw. gegen die revolutionäre Arbeiterklasse zu bezeichnen.[43]

Henry David Thoreau, der 1849 die Praxis des »zivilen Ungehorsams« begründen sollte, berief sich in seinem berühmten Essay *On the Duty of Civil Disobedience* unter Rekurs auf die Amerikanische und die Französische Revolution demgegenüber auf das Recht eines »Volkes«, einer Regierung »Widerstand zu leisten, wenn ihre Tyrannei oder ihre Inkompetenz übergroß und unerträglich werden«.[44] Doch zu dieser Zeit wähnte er kein »Volk« hinter sich. Der Bürgerkrieg (1861–1865), in dem Afroamerikaner, die sich durch Flucht und Übertritt über die Mason-Dixie-Linie, die die sklavenhaltenden Staaten im Süden von den »freien Staaten« im Norden Amerikas trennte, selbst befreit hatten und in der repräsentativen Uniform der United States Colored Troops gegen die Südstaaten kämpften, lag ebenso in weiter Ferne wie Abraham Lincolns *Emancipation Proclamation*.[45] Daher begründete er seine Weigerung, Wahlsteuer an den Staat Massachusetts zu bezahlen, einschließlich seiner Bereitschaft, die Folgen seiner Handlung zu übernehmen und sich von ebenjenem Staat mit Gefängnis bestrafen zu lassen, dem er solchermaßen die Gefolgschaft aufgekündigt hatte, mit seinem Gewissen:[46] Es gebiete ihm als freiem Bürger, gegen die Sklaverei der Südstaaten und gegen den Expansionskrieg gegen Mexiko (1846–1848) zu protestieren. Beinahe ist man versucht zu sagen, dass Thoreau im Namen einer »kommenden Demokratie«[47] zivilen Ungehorsam leistete, in der die Anerkennung, die Ausgestaltung und der Schutz der Menschenrechte für jedes einzelne Individuum Richtschnur allen staatlich-rechtlichen Handelns sein müsse.[48] Der von ihm selbst gewählte, gewaltfreie Protest[49] hinderte ihn jedoch nicht daran, sich auf die Seite des weißen Abolitionisten John Brown zu schlagen, der 1859 vergeblich versucht hatte, in der Nähe von Washington Sklaven aus den umliegenden Plantagen mit Waffen aus einem Waffenlager der Unionstruppen zu versorgen und sie zu einem Aufstand zu bewegen.[50] John Brown wurde zum Tode verurteilt und hingerichtet, wie auch die aufständischen Sklaven. Doch Henry David Thoreau verteidigte in seinem Vortrag

A Plea for Captain John Brown, den er am Samstagabend des 30. Oktobers 1859 vor den Bürgern von Concord, Massachusetts, verlesen hatte,[51] den Bürger John Brown, nicht aber ausdrücklich die Afroamerikaner, die in diesen und vielen weiteren blutig niedergeschlagenen Aufständen im Gefolge der Haitianischen Revolution versucht hatten, sich selbst aus ihrer Versklavung zu befreien. Die normativen Kriterien, die bis heute an die Handlungsform des »zivilen Ungehorsams« angelegt werden – öffentliche Sichtbarkeit, Gewaltlosigkeit in Form passiven und symbolischen Widerstands, politisch-moralische Motive, vernünftige Rechtfertigung und die Bereitschaft, die rechtlichen Sanktionen, mit denen die Ungehorsamsakte staatlicherseits geahndet werden, auf sich zu nehmen, nachdem alle anderen legalen Mittel erfolglos ausgeschöpft worden sind[52] –, schließt der Gewalt unterworfene Personen von den rechtlich eingehegten Formen »zivilen Ungehorsams« aus und richtet sich stattdessen einzig an (mehr oder minder anerkannte respektive potenzielle) Bürgerinnen und Bürger. »Ziviler Ungehorsam« und »Widerstandsrecht« sind von der Vorstellung getragen, dass sich die betreffenden Handlungen gegen einen illegitimen Souverän, einen unrechtmäßigen Staat bzw. gegen das ungerechte Verhalten von Staatsorgangen richten: »Ziviler Ungehorsam entsteht«, so Hannah Arendt 1969,

> wenn eine bedeutende Anzahl von Staatsbürgern zu der Überzeugung gelangt ist, daß entweder die herkömmlichen Wege der Veränderung nicht mehr offenstehen beziehungsweise auf Beschwerden nicht gehört und eingegangen wird oder daß im Gegenteil die Regierung dabei ist, ihrerseits Änderungen anzustreben, und dann beharrlich auf einem Kurs bleibt, dessen Gesetz- und Verfassungsmäßigkeit schwerwiegende Zweifel aufwirft.[53]

Im Hintergrund ihres einschlägigen Vortrags standen die Proteste gegen den nicht-erklärten Krieg der USA gegen Vietnam und die Bürgerrechtsbewegung gegen die Rassendiskriminierungsgesetze, die Arendt gegen militante Studenten- und Bürgerrechtsbewegungen wie die *Organization of Afro-American Unity* und *Black Panther Party for Self Defense* abzugrenzen suchte.[54] Die Legitimitätsformate des »Widerstandsrechts« und des »zivilen Ungehorsams«, so zentral sie auch für die Geschichte menschlicher Selbstbefreiung und zivilen Protests waren und heute noch sind, erweisen sich als hoch voraussetzungsreich. Als politische Handlungsformen leiden sie an etatistischen Verengungen und zivilgesellschaftlichen Exklusionen. In jedem Fall beruhen sie auf den Institutionen des Oikos und der Polis, auf Konzepten von Privatheit und Öffentlichkeit, die all jene flachen Widerstandsaktivitäten und -passivierungen zum Verschwinden bringen, die sich im Modus eines »unzivilen Ungehorsams« gegen Machthaber im ökonomischen und häuslichen Bereich richten, gegen sexualisierte Gewalt und rassistische Folter in extralegalen und extraterritorialen Lagern und Gefängnissen, in Gewalt-, Folter- und Machträumen, abseits öffentlicher Sichtbarkeit und Vernehmbarkeit. Die Aufmerksamkeit für kleine und große Konfrontationen, für aisthetische, symbolische, informelle und passivierende Widerstandsformen, die sich im Verborgenen abspielen müssen, steht und fällt mit der Frage, ob und, wenn ja, inwiefern diese politisch zu nennen sind, und was unter dem Politischen in Extremsituationen der Gewalt zu verstehen ist.

(3) Auch die dritte Traditionslinie, die mit der Reflexion über den autonomen Status von Kunst, mit »Ästhetiken des Widerstands«[55] und gegenwärtig mit der ausdrücklichen Frage verbunden ist, ob »Kunst widerständig«[56] ist, führt in der Frage des Widerstands nicht unmittelbar weiter.

Seit dem 18. Jahrhundert gründete sich Ästhetik auf die Grenzziehung zwischen Privatheit und Öffentlichkeit. Ästhetik war ein philosophisches Projekt, das auf rassistischen Aufteilungen des Sinnlichen und auf einer kapitalistischen Lebens- und Wirtschaftsform beruhte, von der das aufsteigende Bürgertum als dessen Trägerschicht maximal profitieren konnte:[57] Mit dem Strukturwandel der Öffentlichkeit in den Metropolen Europas wurden in den neuen bürgerlichen Salons, Tee- und Kaffeehäusern jene Sucht- und Aufputschmittel – Zucker, Tee, Tabak, Kaffee – konsumiert, die auf den kolonialen Plantagen von versklavten Afrikanerinnen und Afrikanern produziert wurden.[58] Die Erfindung *des* Körpers fand statt im Dispositiv der Sklaverei. In den Gewalträumen der Sklaverei wurden die versklavten Menschen mit extremer Gewalt und wie »Vieh« behandelt. Das galt für die Lager, die *baracoons* und *slave dungeons*[59] an den afrikanischen Küsten, in denen Afrikanerinnen und Afrikaner oft monatelang festgehalten wurden. Und das galt für die Sklavenschiffe mit ihrer tödlichen Enge für die unter Deck »gestapelten« Menschen[60] genauso wie für die Sklavenmärkte bei Ankunft in der »Neuen Welt«[61] sowie für die kolonialen Plantagen, für die Bergwerke und Zuckermühlen, wo sie zur Zwangsarbeit eingesetzt wurden.[62] Es war Teil des Kalküls der Sklavenhändler, der Kapitäne und Besatzungsmitglieder, der Schiffseigner, Aktionäre und Sklavenhalter, versklavte Menschen auf bloße *pieces* bzw. *hands* herabzuwürdigen und ihre Körper zu Kommodifizierungs- und Ausbeutungszwecken maximal dienstbar zu machen. Die europäische Ästhetik und rassistische Imagination von *Blackness*, kraft derer europäische Philosophen wie David Hume[63] und Immanuel Kant[64] den Versklavten jedes originäre intellektuelle Talent und jedes ästhetische Vermögen absprachen, wirkten an der Legitimation und Reduktion von Menschen auf bloße Körper zu Zwangsarbeits- und Ausbeutungszwecken maßgeblich mit.

Was allerdings Europa betraf, so formulierten Kant und Schiller ein »ästhetisches Versprechen«, das auf einem Bruch mit der sinnlich-gemeinschaftlichen Welt beruhte und der Bildung einer neuen Gemeinschaft galt.[65] Die *Briefe über die ästhetische Erziehung* von 1795 standen erklärtermaßen unter der Ägide der »Kantischen Grundsätze«,[66] zugleich aber unter dem Eindruck des Terrors der Französischen Revolution, den Schiller auf eine ungleiche, nämlich klassenspezifische »Aufteilung« von Sinnlichkeit (auf die »niedern und zahlreichern Klassen«) und von Verstand (auf die »zivilisierten Klassen«)[67] zurückführte. Wer »von der Herrschaft bloßer Kräfte zu der Herrschaft der Gesetze« einen »Übergang«[68] bahnen möchte, der müsse das Pfand auf das »freie Spiel der Erkenntniskräfte« angesichts des Kunstschönen und zumal auf Spielformen von Gesellschaft setzen. Von ihnen versprach sich Schiller die Errichtung eines »ästhetischen Staats«, der »sich durch sich selbst und für sich selbst bildet«:[69] »Der Mensch spielt nur, wo er in voller Bedeutung des Worts Mensch ist, und *er ist nur da ganz Mensch, wo er spielt.*«[70] Die Bestimmung des Menschen freilich sei gerade seine äußerste »Bestimmungslosigkeit«: Im »ästhetischen Zustand ist der Mensch also Null«, »in Rücksicht auf Erkenntnis und Gesinnung [...] völlig indifferent und unfruchtbar«, im Hinblick auf Wahrheit und Pflicht gleichermaßen »ungeschickt«. Diesen ästhetischen Nullzustand nannte Schiller Freiheit. Mit anderen Worten: Das Spiel ist eine abgründige Erfahrung ohne Telos, auch und gerade in Bezug auf den Menschen, »der Grund der Möglichkeit von allem ist«, weil er selbst grundlos, kein Grund für nichts ist.[71]

Noch Antonin Artauds »Körper ohne Organe«,[72] Georges Batailles Heterologien[73] und einschlägige Spieltheorien[74] des 20. Jahrhunderts korrespondieren mit solchen ästhetischen Konzepten radikaler Zwecklosigkeit, haben jedoch konsequenterweise die Orientierung an ästhetischer Staatlichkeit und subjektiver Vermögenslehre aufgegeben.

Gilles Deleuze und Félix Guattari setzen sich in *Milles Plateaux* mit Antonin Artauds seltsamer Idee eines organlosen Körpers auseinander.[75] Mit dieser Idee weist Artaud nicht etwa die Organe des Körpers zurück, sondern vielmehr den »in Organe zerstückelten Körper«[76] und seine je bestimmte organische Organisation, um daraus eine »nützliche Arbeit«, Dienstbarmachung, Gefügigkeit gegenüber Befehl und Funktionalität zu »extrahieren«. Deleuze und Guattari halten dafür, den Organismus zu demontieren und den Körper (der Klassen) stattdessen für die Desartikulation seiner Organe, für Intensitätsverteilungen, Schwellenerfahrungen und Konnexionen zu öffnen.

Kant und Schiller hatten bürgerliche Künstler und weiße Rezipienten, nicht jedoch »Irokesen«[77] oder Frauen wie Phillis Wheatley im Sinn, die erste Dichterin des *Black Atlantic*, die ihre Autorschaft, ihre menschliche und ästhetische Würde im Frühjahr 1772 im Gerichtsgebäude von Boston vor einem achtzehnköpfigen weißen Tribunal, gebildet aus Honoratioren der Stadt, eigens »beweisen« musste;[78] Kant und Schiller hatten zweifellos keine versklavten, recht- und eigentumslosen Menschen vor Augen. Sie sollten gerade nicht zwecklos spielen oder ausschweifend schlafen, sondern vielmehr die Drecksarbeit verrichten. Der aufgeklärte Humanismus war auch in ästhetischer Hinsicht ein halbiertes und koloniales Projekt.

Marx und Engels arbeiteten bekanntlich daran, den Körper der proletarischen Klasse zu spalten und zu homogenisieren, indem sie dem »durchtrieben«, »ordinär«, buntscheckig und politisch wankelmütig erscheinenden »Lumpenproletariat« die Zugehörigkeit zur proletarischen Klasse absprachen und den Zugang zum Klassenkampf verwehrten. So in der Schrift *Der achtzehnte Brumaire des Louis Bonaparte*, in der Marx seinen Abscheu ergoss über die »Vagabunden, entlassene[n] Soldaten, entlassene[n]

Zuchthaussträflinge, entlaufene[n] Galeerensklaven, Gauner, Gaukler, Lazzaroni, Taschendiebe, Taschenspieler, Spieler, Maquereaus, Bordellhalter, Lastträger, Literaten, Orgeldreher, Lumpensammler, Scherenschleifer, Kesselflicker, Bettler«. Sie alle zählte er zum reaktionären »Lumpenproletariat«, zu einer »ganz unbestimmte[n], aufgelöste[n], hin- und hergeworfene[n] Masse« ohne eigenes Bewusstsein als »Klasse für sich«. Marx erklärte das infame, hungernde und kreative »Lumpenproletariat« zum unproduktiven »Auswurf, Abfall, Abhub aller Klassen«.[79]

Doch es gab eine »Poesie der Klasse«, wie Jacques Rancière und Patrick Eiden-Offe gezeigt haben. Um deren Umrisslinien nachzuzeichnen, war es nötig, sich in die Archive zu begeben, Arbeiterjournale durchzusehen und randständige Texte ausfindig zu machen, kurz: historisch zu arbeiten. Denn die Revolutionstheorien des 19. Jahrhunderts vermitteln von den poietischen Praktiken, revolutionären Entwürfen und bewegenden Verlautbarungen der Arbeitsklasse ein nur unzureichendes Bild. Sie werfen ein nur trübes Licht darauf, dass neue politische Handlungs- und Kollektivierungsformen mit einem je spezifischen Imaginären verschränkt sind, mit dissidenten Sprech- und Schreibweisen im Bruch mit einem vorherrschenden Sinn.[80] In Abwandlung von Sigmund Freuds Devise heißt es bei Cornelius Castoriadis im Hinblick auf den schöpferisch-sozialitätsstiftenden Charakter anonymer revolutionärer Ereignisse: »Wo Niemand war, sollen Wir werden.«[81] Die Konstituierung des Proletariats war mit einem literarisch-poetischen Imaginären verknüpft, so Eiden-Offe: Das Vormärz-Proletariat ist gerade auch auf dem Feld des *Romantischen Antikapitalismus* entstanden, hat in Ludwig Tiecks Novellen, in Gesellengedichten oder in Kolportageromanen Gestalt angenommen.[82] Jacques Rancière wiederum folgt Arbeiterliteraten in ihre schlaflosen Nächte, die sie nicht zur Reproduktion nutzten, sondern vor dem Hintergrund der gescheiterten Julirevolution von 1830 dazu, sich zu verausgaben: an das Schreiben, an den Opium-, Alkohol- oder Liebesrausch, an die Einsamkeit, an mäandernde Streitigkeiten und zwecklose politische Debatten.[83] Der Kampf der englischen Arbeiterbewegung gegen die Kinderarbeit und um den Zehnstundentag, der dem vampiristischen Hunger des Kapitals nach lebendiger Mehrarbeit einen gesetzlichen Riegel vorschieben sollte,[84] verwandelte sich unter den Saint-Simonisten, Fourieristen und Ikariern in einen poietischen Kampf um die eigene Nacht. Hier wie dort war es ein zäher Kampf um einen »Fetzen Freizeit«, um Selbstbestimmung über Wachen und Schlafen.[85]

Die Möglichkeiten für Flucht- und Ausbruchversuche aus dem Zyklus minimaler Reproduktion und extensiver Arbeitsdisziplin waren unter dem englischen »Fabrikregime«[86] eingeschränkter als unter den prekären, postrevolutionären Lebens- und Arbeitsbedingungen der Pariser Handwerker, Näherinnen, Schildermaler, Wäscherinnen, Dienstleister, Kleingewerbetreiberinnen, Schriftsetzern und Tagelöhnern, die nachts ins intellektuelle Ungewisse aufbrachen, kurzlebige Arbeiterzeitschriften wie *La Phalange*, *La Ruche populaire* oder *L'Atelier* herausgaben, literarische Zirkel gründeten, sich in mehr oder minder konkreten Utopien von universalen Assoziationen ergingen oder sich während der Arbeit ziellosen Träumereien hingaben. Der Lumpensammler und spätere Latrinenreiniger Louis-Marie Ponty, der sich weigerte zu wissen, »welche Stunde […] auf dem Zifferblatt unseres industriellen Kerkers« angezeigt werde,[87] entschied sich, nachts zu arbeiten, um am Tage »zu schreiben, zu träumen und bei den Bouquinisten an den Quais seine Bibliothek aufzubauen.«[88] War es tatsächlich möglich, beides zu sein, »vom Stand her Arbeiter und in der Fantasie Dichter«, wie es sich der Schriftsetzer und Dichter Hégésippe Moreau ausmalte?[89] Oder konnte das eine Leben nur auf Kosten des anderen gelebt werden?

> Ich sagte nicht, dass ich mich gezwungen sah, Kinderkleider zu nähen, ich sagte, dass ich dieses Spezialgebiet gewählt habe, weil ich erwartete, dass es weniger Sorgfalt und Intelligenz erfordert. Diejenigen, die gut genähte und geschnittene Kleider wollen, sollen sie sich selbst machen, wenn sie es für richtig halten. Ich will mich so wenig wie möglich verdummen lassen.[90]

Reicht es hin, sich die Nächte um die Ohren zu schlagen, die Fabrikglocke zu überhören, blau zu machen, wegzulaufen und davon zu träumen, Dichter in einem unerreichbaren Reich der Freiheit zu sein, um widerständig zu sein? Oder muss sich Widerstand nicht vielmehr in kollektiver Weise formieren und wirkungsvoll artikulieren, um einen genuin politischen Richtungssinn anzuzeigen?

Politische Denker im Zeitalter der Revolutionen konnten Freiheit als unveräußerliches Recht, als unverbrüchlichen Wert und Zustand für den weißen Teil der Menschheit denken, nicht aber als Widerstandspraxis und »Fluchtlinie« der Selbstbefreiung: »Wer waren die ersten Personen«, fragt Orlando Patterson, »die die ungewöhnliche Idee entwickelten, dass Freisein kein Wert sei, den man schätzen, sondern vielmehr das Wichtigste überhaupt, dass jemand besitzen kann? Die Antwort ist, in einem Wort: Sklaven.«[91] Es geht darum, Freiheit ausgehend von der Flucht als einer politischen Handlungsform der Selbstbefreiung zu denken und besser zu verstehen, was es bedeutet, *Freedom as Marronage* zu praktizieren, wie der Titel der großartigen Untersuchung von Neil Roberts lautet: In Gewalträumen realisiert sich Freiheit zuallererst als grenzüberschreitende Raumpraxis des Verschwindens und als Zeitpraxis der Abwesenheit.[92]

II.
Fugitiver Widerstand

Edmund Burkes *Reflections on the French Revolution* sind im November 1790 erschienen, ein Jahr nach der Französischen, ein Jahr vor der Haitianischen Revolution. Die französischen Jakobiner, so Burke, hätten sich nicht anders verhalten als eine »gang of maroon slaves, suddenly broken loose from the house of bondage.«[1] Die von Friedrich von Genzt 1794 besorgte Übersetzung ins Deutsche der *Betrachtungen* Burkes verzichtete auf das Kolonialwort »Maroon« und sprach stattdessen von einer »Rotte angeketteter Sklaven [...], die plötzlich ihrem Kerker entrannen«.[2] 1640 erläuterte es Jacques Bouton in seiner Studie *Relation de l'establissement des François en l'isle de la Martinique* wie folgt: »échappé et redevenu sauvage (d'un animal domestique)«.[3] 1658 war in Charles de Rocheforts *Histoire naturelle et morale des Isles Antilles de l'Amérique* vom »Nègre Maron« die Rede.[4] 1796 ergoss wiederum Bryan Edwards in seiner Kolonialgeschichte Saint-Domingues seinen Unmut über die »wilde« und »gesetzeslose Freiheit« der »Maroon negroes«.[5]

Als Francis Drake 1572 die karibischen Gewässer unsicher machte und die spanischen Stellungen angriff, paktierte er mit Banden, die als »Symerons«, als »Affen« [6], bezeichnet wurden: »a blacke people, which about eightie yeeres past, fled from the Spaniards their Masters, by reason of their crueltie, and since grown into an nation, under two Kings of their owne«.[7] 1847 hieß es in Victor Schœlchers dreibändiger Geschichte *Die Antillen mit besonderer Rücksicht auf die Emanzipation der Negersklaven*:

> Marron nennt man den Sklaven, welcher die Flucht ergreift. Das Wort kommt ohne Zweifel von den Spaniern, welche den flüchtigen Sklaven cimarron nennen. Ursprünglich gebrauchten sie diesen Ausdruck von Hausthieren, welche wild wurden, wenn irgendein Zufall sie aus der Umgebung der Menschen entfernte, und deshalb haben sie wohl auch ihre Neger so genannt. Warum sagt man nicht eben so gut Neger-Marron als Schwein-Marron? Marrons gab es so lange es Sklaven gibt[.][8]

Der Sklavereigegner Schœlcher machte damit zwar die politisch-rassistische Zoologie der transatlantischen Versklavung sinnfällig. Mit dem Einsatz des Zufalls verhehlte er jedoch den aktiven, offensiven und politischen Handlungscharakter der »Marronage«.

»Der erste, der ein afroamerikanischer Maroon wurde, war derjenige, der nach der Landnahme Kolumbiens mit dem ersten Sklavenschiff eines der beiden Amerika erreichte«, wie Richard Price herausstellt.[9] »Marronage« gehört zweifellos zu den wichtigsten Widerstandsformen gegen die Sklaverei.

»Aufbrechen, sich davonmachen heißt, eine Linie ziehen«, ein altes Leben hinter sich lassen und den Horizont überschreiten, ohne zu wissen, ob und wo man ankommt[10] – Gilles Deleuze und Félix Guattari gehören wohl zu den seltenen westlichen Denkern, die den »Fluchtlinien«, namentlich in Bezug auf die Praxis des literarischen Schreibens und als Deterritorialisierungsbewegung[11], gefolgt sind. Flucht »ist eine Art von Delirium. Delirieren heißt, aus der eingefahrenen Furche oder Spur treten (›ausflippen‹)«,[12] ohne zu wissen, ob die Flucht einen radikalen Bruch mit dem alten Leben bedeutet: »Wer sagt uns denn, daß wir auf der Fluchtlinie nicht das wiederfinden, vor dem wir flohen«, dass die Flucht nicht zu einer Falle wird.[13] Flucht kann ein

Aufbruch ohne Rückkehr, aber auch ohne Ankunft sein. Die Marronage bildete eine Fluchtlinie, die im Werden und Ungewissen blieb und auf riskante Dauer gestellt war.[14] In politischer Hinsicht muss Flucht in Begriffen von Freiheit gedacht werden. Für die Flucht einzelner, kleinerer und größerer Gruppen aus den Gewalträumen der Sklaverei – Flucht während der Verschiffung an den afrikanischen Küsten, auf der Middle Passage im Modus des Suizids als spirituelles *flying back to Africa*,[15] bei Ankunft in der »Neuen Welt«, von den Plantagen –, waren die Unterschiede zwischen »negativer« und »positiver Freiheit« erheblich: Flucht war zuallererst die politische Handlung der Selbstbefreiung, bevor sie, wenn überhaupt je, zur Freiheit werden konnte, frei zu sein,[16] zu einer Freiheit, die rechtlich geschützt ist und gesetzliche Anerkennung genießt.

Flucht als »negative« Freiheit von »nataler Entfremdung« und »sozialem Tod«[17] stellte einen ungesicherten Übergang hin zu einem »positiven« Freiwerden dar, der radikalen Neuerfindung einer fugitiven Gesellschaft, die historisch keinem Vorbild folgte, weder einem europäischen, noch einem afrikanischen, noch einem amerikanischen. In beiden Amerikas entstanden *Maroon societies* aus dem Nichts, teils existieren sie bis heute, teils hatten sie nur einige wenige Wochen oder Monate Bestand. *Maroon societies* punktierten die Säume der Plantagen, sie waren an den kolonialen Peripherien und im kaum kontrollierten, unwegsamen Landesinneren angesiedelt. Im Süden der Vereinigten Staaten bildeten Sumpfgebiete, zwischen Virginia und South Carolina, favorisierte Fluchtorte. In Jamaika lebten die berühmtesten Maroon-Gemeinschaften im sogenannten »cockpit country«, vor plötzlichen Angriffen geschützt durch tiefe Canyons und Kalksteinterrassen, wo Trinkwasser und fruchtbare Erde rar waren. In Französisch-Guayana waren die Maroons von undurchdringlichem Dschungel umschlossen, der Sicherheit vor plötzlichen militärischen Angriffen versprach.[18] Daneben bot die urbane Flucht, das Untertauchen in die Anonymität der Viertel großer Städte, wo schwarze Menschen und People of Color lebten, Freiheits- und Selbstbestimmungsperspektiven für jene, die über »marktgängige berufliche Kenntnisse verfügten«.[19] Maroons wie der Waldläufer und Freiheitsheld Esteban Montejo, der nach einem tätigen Angriff auf einen verhassten Aufseher von seiner Plantage geflohen war, hatte sich, wie er in seiner Lebensgeschichte schilderte, aus Angst vor Verrat aus allen Sozialbeziehungen gelöst. Viele Jahre lebte er in radikaler Abgeschiedenheit in den Wäldern und Bergen der kubanischen Sierra.[20]

Die auf Reterritorialisierung zielenden *Maroon societies* und die deterritorialen *Maroon bands* mit ihren beweglichen Camps und ihrer parasitären Ökonomie waren ebenso berühmt wie berüchtigt, berühmt in den Augen derer, die sich *noch nicht* durch Flucht selbst befreit hatten, berüchtigt aus Sicht derer, die ihre Verfügungsgewalt über ihre »hands«[21] nicht absolut zu exekutieren vermochten, die »runaways« daher umso erbarmungsloser jagten, verfolgten, ermordeten und über ihren Tod hinaus folterten.

Bereits in den 1540er Jahren hatten Gruppen von mehreren hundert geflüchteten Sklaven ihre eigenen Fluchtsiedlungen, in wehrhafter Distanz zu den spanischen Kolonisten, in Mexiko, Kuba und Saint-Domingue errichtet. Mit der dramatischen Zunahme des transatlantischen Sklavenhandels seit dem 17. Jahrhundert nahmen auch die *Maroon Societies* in Süd- und Zentralamerika, in Brasilien und Kolumbien sowie auf einigen kleineren Karibischen Inseln an Zahl und Größe zu.

Im 18. Jahrhundert erreichte die Marronage auch Nordamerika, bis 1855 waren etwa 60.000 Versklavte aus den Südstaaten in den Norden, bis nach Kanada, geflohen.[22] Im

Süden und im Norden existierten weiträumige Netzwerke zur Unterstützung der aus den Gewalträumen der Plantagen Fliehenden, die allein, in Familien oder in Gruppen, schon wegen ihrer Hautfarbe zumeist lange Strecken in nächtlicher Dunkelheit zurücklegen und sich tagsüber vor den Sklavenfängern verstecken mussten. Das System dieser riskanten Fluchthilfe operierte im 19. Jahrhundert unter dem Decknamen *Underground Railway* mit drei großen Routen und geheimen Codes: eine »station« war ein »sicheres Haus«, ein »depot« bedeutete Hilfe, »stockholder« wurden diejenigen genannt, die die auf der Flucht befindlichen Menschen mit Nahrung, Kleidung, Schuhen (oft den ersten ihres Lebens) und Geld versorgten, »conductor« wiederum diejenigen, die als »Lotsen« bzw. »Führer« fungierten.[23] Mithilfe ausgefeilter farbiger Muster, eingearbeitet in Quilts, die an Fenster oder Türen angebracht waren, konnte den weitgehend in Schriftlosigkeit gehaltenen Fliehenden, unter den Augen von Sklavenfängern und Sklavenhaltern, signalisiert werden, ob eine »station« sicher oder ob ein »depot« aufgeflogen war, vor allem aber, in welche Richtung sie zu wandern hatten.

Jacqueline Tobin und Raymond Dobard haben diesen geheimen und navigierenden Wissens- und Gefahrenaustausch mithilfe von »Quilt-Codes« nach dem mündlichen Zeugnis von Ozella McDaniel erstmals untersucht.[24] Stolz konnte die unter dem Codenamen »Moses« agierende Fluchthelferin und berühmteste afroamerikanische Freiheitskämpferin des 19. Jahrhunderts, Harriet Tubman, erklären, dass unter ihrer Ägide kein »einziger Zug aus dem Gleis gesprungen« und kein einziger »Passagier verloren gegangen« sei.[25] Harriet Tubman wagte 1849 die Flucht nach Pennsylvania und nutzte ihre Selbstbefreiung, um »meine alten Leute und meine Brüder und Schwestern« auf der Flucht in die Freiheit unter Einsatz ihres eigenen Lebens zu unterstützen: »Ich war frei, und sie würden auch frei sein.«[26] Frederick Douglass schrieb ihr im August 1868: » I know of no one who has willingly encountered more perils and hardships to serve our enslaved people than you have.«[27]

Ihre größte Ausbreitung erfuhr die Marronage jedoch im 18. Jahrhundert in Jamaika, Surinam und Brasilien. Die dort gegründeten Fluchtgesellschaften waren politisch und militärisch so gut organisiert, dass es ihnen gelang, ihre Unabhängigkeit, zumindest für eine gewisse Zeit, gegen angreifende Truppen der europäischen Kolonisten zu verteidigen, die ihre Taktiken auf den offenen Schlachtfeldern Europas erworben und oft Mühe mit den unwegsamen Bedingungen vor Ort hatten. Dagegen konnten die Maroons von den militärischen Fähigkeiten und Guerrillataktiken all jener profitieren, die bereits in ihren afrikanischen Herkunftsländern militärische Erfahrungen gesammelt hatten und nur dann zurückschlugen, wenn sie selbst es entschieden:[28] »Ihre erste Regel war es, dem Feind den frontalen Kampf zu verweigern.«[29] Der aus zehn *quilombas* bestehende föderale Republik Palmares, die 1605 in den Hügeln von Serra da Barriga im Nordosten Brasiliens von Maroons, freigeborenen Afrikanern und First People gegründet wurde und bis 1694 Bestand hatte, wurde auf dem Höhepunkt ihrer Machtentfaltung nachgesagt, 20.000 bis 30.000 Mitglieder stark gewesen zu sein.[30] Zwischen 1654 und 1678 wehrten sie allein zwanzig militärische Angriffe sowohl holländischer als auch portugiesischer Kolonialheere erfolgreich ab, bis sie 1694 von den Portugiesen militärisch unterworfen, Palmares zerstört und die Überlebenden erneut versklavt wurden. Zuvor aber hatten Kämpfer von Palmares unter der Führung des legendären Maroons »Zumbi« damit begonnen, in die Offensive zu gehen. Sie überfielen Plantagen und Dörfer der Portugiesen und befreiten die dort Versklavten. »Zumbi von Palmares war ein Fall von radikalem Widerstand gegen das System«, als Feldherr vergleichbar mit »Kyros, Alexander, Hannibal, Shaka, Sundiata« und vielen anderen, allerdings »kämpfte [er] nicht um Territorien«,[31] sondern um den Wiedergewinn des »lebenden Atems«.[32]

1746 berichteten Augenzeugen, dass die Campo Grande *quilombolas* in Brasilien kleinere Farmen und Siedlungen mit Speeren, Pfeil und Bogen angegriffen, geplündert, Häuser und Kornfelder in Brand gesetzt und dabei nicht nur »alle guten Sklaven« mitgenommen, sondern auch sämtliche »Master getötet« hätten. Von jeder Farm hätten sie unter Einsatz von nur »wenig Gewalt« jeweils zehn bis zwölf »Negroes« mitgenommen. Im Goldenen Zeitalter der Marronage, als welches das 18. Jahrhundert allzu romantisierend bezeichnet worden ist,[33] finden sich viele ähnlich lautende Kolonialberichte, nicht zuletzt aus Brasilien: 1770 hätten die *quilombolas* Farmen attackiert und alles zerstört: »reducing things to a miserable state and taking away the slaves without leaving one behind.«[34] Die Aufnahme der so Befreiten in die Fluchtgesellschaften erfolgte jedoch bis zur vollen Integration nur schrittweise.

Es gibt nicht nur Hinweise darauf, dass die karibischen *palenques* die gefangenen Neuzugänge sorgfältig prüften und diejenigen, die sich als Spione oder Verräter erwiesen, töteten, sondern auch Indizien dafür, dass strenge soziale Unterschiede zwischen denjenigen gemacht wurden, die sich während solcher Angriffe freiwillig den Maroons angeschlossen und ihre Chance auf Freiwerdung *ad hoc* selbst ergriffen hatten, und jenen, die gekidnappt worden waren[35] und auf dem Weg zur vollen sozialen Integration in die *Maroon societies* zunächst als Abhängige, mancherorts auch als temporär Versklavte behandelt wurden.[36]

Durch Vermehrung der dekolonialen Fluchtlinien und Verdichtung der Deterritorialisierungsbewegungen, die die *Maroon societies* und die *Maroon bands* gerade auch durch ihre kriegerischen Angriffe auf Plantagen und Siedlungen für viele weitere Versklavte magnetisch auszogen, zeichneten sie transatlantische Trajektorien ins Hinterland. Die riskante Flucht in die undurchdringlichen Regen- und Urwälder war mit der Hoffnung verbunden, »niemals mehr ihre Herren zu Gesicht zu bekommen« und der Welt der Sklaverei für immer den Rücken zuzukehren. Aus Verhörprotokollen, in denen wiedereingefangene Sklaven zwischen den Zeilen ihre wahren Fluchtmotive zu erkennen gaben, geht hervor, dass der Weg in den Urwald für die Geflohenen eine Rückkehr nach »Afrika« und zu den Vorfahren bedeutete.[37] Im Urwald wohnten die Geister der Ahnen und jene Kräfte der Natur, die für die Tätigkeit der Heiler und für die »Hexerei« von Bedeutung waren.[38] François Makandals Ruf etwa war legendär: Er praktizierte die Voodoo-Religion und verschränkte seine Flucht- und Widerstandskompetenzen mit der Fähigkeit zu fliegen. In Genua geboren und islamischen Glaubens, wurde er versklavt, nach Saint-Domingue deportiert und auf der Plantage des Lenormand de Mézy im nördlichen Distrikt von Limé zur Zwangsarbeit eingesetzt. Nachdem er seinen Master und dessen Tiere vergiftet hatte und von der Plantage geflohen war, gelang es ihm in den 1750er Jahren, ein weitverzweigtes Widerstandsnetzwerk aufzubauen. Erst Jahre später wurde er gefangen genommen und 1758 in Cap-Haïtien hingerichtet. Bei seiner Hinrichtung soll er ausgerufen haben, dass er gerettet sei und nach Afrika fliegen werde.[39] Wie Laurent Dubois herausgefunden hat, entwickelten daraufhin viele Plantagenbesitzer in der französischen Karibik »Giftparanoia« und besonders brutale Methoden der Befragung unter Folter, um den möglichen Gebrauch von Gift seitens ihrer Sklavinnen und Sklaven festzustellen.[40]

Unter Führung der vermutlich 1680 im heutigen Ghana geborenen Queen Nanny und Captain Cudjoe gelang es den Leeward-Maroons, trotz ihrer Unterzahl, von 1725 bis 1740 erfolgreich gegen die Briten zu kämpfen. Queen Nanny, auch bekannt als »The Mother of Us All«, die an der Befreiung von 800 Sklaven beteiligt gewesen sein soll, hatte ein großes Talent, der britischen Artillerie immer wieder zu entkommen.[41] Nach Jahrzehnten bewaffneter Auseinandersetzungen und Kriegen nahmen die Briten 1739 Friedensverhandlungen auf. 1740 unterzeichneten die Winward-Maroons einen Friedensvertrag, der ihnen territoriale Souveränität und Freiheit zusicherte und den *First Maroon War* beendete. Queen Nanny die die Verhandlungen mit den Briten geführt hatte, gründete New Nanny Town. Das seitwärts geblasene Horn, das Abeng, mit dem die bewaffneten Späher von Nanny Town mit ihren Verbündeten kommuniziert und ihre Krieger aufgerufen hatten, zu den Waffen zu greifen, wurde zum Symbol der Jamaikanischen Maroons.[42]

Aus kolonialer Perspektive wurden die *palenques, quilombos, mocambos, ladeiras* als »Wundbrand« und »chronische Plage« erbittert bekämpft,[43] wie John Gabriel Stedmans *Stedman's Nachrichten von Surinam und von seiner Expedition gegen die rebellischen Neger in dieser Kolonie in den Jahren 1772 bis 1777* drastisch vor Augen führen.[44] Die niederländische Kolonie, so der Sklavenbesitzer und führende Arzt von Surinam, Ishak Cohen Nassy, entwickelte sich zum »Theater eines beständigen Krieges, und die Einwohner sahen sich verfolgt durch ihre eigenen Sklaven. Sie waren gezwungen, Truppenabteilungen gegen sie marschieren zu lassen, um sie mit Waffengewalt zu reduzieren.«[45]

In der französischen Karibik unterschieden Sklavenhalter zwischen »petit« und »grand marronage«. Die sogenannte »kleine Marronage« umfasste ein Spektrum alltäglicher Widerstandspraktiken und befristeter Freiräume der Selbstbestimmung innerhalb der Gewalträume der Sklaverei. Mitunter wurde sie als Druckmittel eingesetzt, um konkrete Lebensbedingungen zu verbessern oder der Auspeitschung zu entkommen. Sie korrespondierte nicht nur mit einer transatlantischen Kultur des Widerstands gegen das Plantagenregime und die Sklaverei, sondern war auch eng verflochten mit der rückkehrlosen »großen Marronage«.[46] Albert Wirz hat die widerständige Marronage als »endemisch« bezeichnet. Zwischen 1764 und 1793 wurden allein in Saint-Domingue 84.000 Zeitungsannoncen – mit dem jeweiligen Sklavennamen, der Beschreibung körperlicher Merkmale und den Umständen der Flucht – veröffentlicht, die auf das Wiedereinfangen von Maroons gegen Zahlung eines Kopfgeldes setzten.[47] Was die »grand marronage« betraf, so sollten aus kolonialer Perspektive die Verbindungslinien zwischen Flucht und politischer Handlung gekappt werden, insbesondere die zwischen Flucht und Revolutionär-Werden. Denn Flucht war nicht nur eine praktische Konsequenz gescheiterter Rebellionen.

> Wichtiger noch: Die bloße Existenz der Quilombos verstärkte die Rebellionsneigung der in der Sklaverei gehaltenen Leute, weil sie Aufständischen die Gewißheit bot, sich im Falle des Scheiterns ihrer Handlungen an einen Zufluchtsort absetzen zu können. Darüber hinaus hielten die Fluchtsiedlungen ganz allgemein die Idee eines selbstbestimmten Lebens wach.[48]

Sie stellten die Institution der Sklaverei ganz konkret in Frage. Die Marronage hatte daher auch eine immense Bedeutung für die Haitianische Revolution[49] und die transkaribische Vision der Selbstbefreiung, wie der haitianische Historiker Leslie F. Manigat herausstellt. Die proxemische Mikropolitik der Flucht war selbst revolutionär und konnte ihrerseits zur revolutionären Makropolitik führen.[50] Haitianische Revolutionäre wie Milscent de Musset, Boukman, Georges Biassou oder Jeannot genossen hohe Reputation als »Maroon fighter« bzw. »black Robin Hoods«,[51] hatten sie doch erfolgreich »bands of maroons« kommandiert.[52] Maroonage konnte zugleich eine Widerstandsalternative im Falle ausbleibender revolutionärer Erhebungen darstellen, wie David Patrick Geggus unterstreicht.[53]

Sklavenhalter verliehen dem fugitiven Widerstand den infamen, in jedem Fall unpolitischen Charakter des Verrats und des Diebstahls. In den Südstaaten wurden »runaway slaves« von ihren Besitzern als »stealing themselves« bezeichnet. Daher verstanden Sklavinnen und Sklaven ihre alltäglichen Widerstandspraktiken, nächtliche Feste, Tänze, Besuche auf Nachbarplantagen, ironisch als »Sich-Wegstehlen« (»stealing away«).[54] In Zeitungsannoncen gaben Sklaveneigentümer Hinweise auf Umstände und Motive der Flucht wie unerlaubte Verwandtenbesuche oder »Schwänzereien«,[55] auch auf Herkunft und Aussehen ihrer »runaways«. Mit dem Aussetzen eines »Kopfgeldes« verband sich die Erwartung, der oder die Geflohene könne mithilfe von Sklavenfängern, Bluthunden und paramilitärischen Einheiten wie den Maréchaussées wieder eingefangen und erneut zu Eigentum, zur Ware, zum bloßen Körper, zu Vieh gemacht werden, tot oder lebendig.[56]

Auf das notorische Problem der Flucht hatte bereits der im März 1685 unter Ludwig XIV. erlassene, im Mai 1724 unter Ludwig XV. erneuerte und bis 1848 für alle französischen Kolonien verbindliche *Code Noir* mit seinen 60 Artikeln entschiedene Antworten gefunden: »Seine Bestimmungen garantierten [insgesamt] das Eigentumsrecht des Herrn.« Artikel 38 verhängte »für einmonatige Abwesenheit – Auspeitschung und Brandzeichen«[57] mit *fleur-de-lys* auf die Schulter; für Abwesenheit von mehr als einem Monat zudem das Abschneiden der Ohren und die Durchtrennung der Achillessehne, »für zweimonatige Absenz – Amputation eines Beines und erneute Brandmarkung […].

In anderen Kolonien galten ähnliche Regelungen.«[58] Zweifellos waren diese und weitere eskalierende Strafen wie das Aufschlitzen der Lippen und Kastration[59] darauf gerichtet,[60] die Versklavten endgültig zu »brechen«, wie Frederick Douglass, dem 1838 mithilfe der *Underground Railway*[61] die Flucht aus der Sklaverei in den Norden gelang, in seiner Lebensgeschichte *My Freedom and my Bondage* herausstellt: »*Ich sah nun, in meiner Situation, mehrere Punkte der Ähnlichlichkeit zwischen mir und den Ochsen. Sie waren Eigentum, so auch ich; sie waren gebrochen worden, so auch ich. Covey hatte mich brechen wollen, ich wollte ihn brechen* [...].«[62]

Flucht und *Fighting back* waren eminent politische Praktiken revolutionärer Selbstbefreiung. Nicht zufällig wird Flucht als riskante Selbstbefreiungstat in der kolonialen Nomenklatur der politischen Theorie der Neuzeit völlig ausgespart. Flucht war als *politische* Handlung nicht nur ungedacht, sondern geradezu undenkbar, mit Folgen bis in unsere nächste Gegenwart.

»Flucht« hat in unseren Breitengraden keinen guten Ruf. Wer flieht, der tritt den Rückzug vor einer übermächtig erscheinenden Realität an, anstatt auf Augenhöhe und mit offenem Visier für die eigene Sache einzustehen. Flucht bedeutet, so scheint es zumindest, sich der Verantwortung zu entziehen, eingegangenen Verpflichtungen genauso wie schuldigem Gehorsam. Soldaten, die vom Schlachtfeld fliehen, anstatt in ihren eigenen Tod vorzulaufen, wurde seit jeher Feigheit und »männliche Schwäche« nachgesagt.

Das galt in Europa zumal für die Zeit der Umwandlung der kolonialen Söldnerheere in stehende Heere.[63] Friedrich Wilhelm, der Große Kurfürst, hatte nach dem Dreißigjährigen Krieg den nicht entlassenen Söldnertruppen erstmals einen einheitlichen »Eyd der Officirer und Soldaten zu Roß und Fuß« auferlegt.[64] Die Bestimmung des Kriegsdienstes

»mit Leib und Blut« im Sinne einer einseitigen Dienst-, Gehorsams- und Treueverpflichtung gegenüber Gott und König sollte durch den Eidschwur zugleich als Selbstverpflichtung gegenüber den Kriegsartikeln im soldatischen Gewissen installiert, die »Dienstpflicht zur Gewissenspflicht«[65] erhoben werden. Und doch: »In der Regierungszeit Friedrich Wilhelms I. ist mehr als jeder sechste Infanterist desertiert.«[66] Um die Grauzone zwischen unerlaubter Abwesenheit und Desertationen zu vereindeutigen, ordneten die preußischen Kriegsartikel von 1713 an, dass ein jeder, der

> eine Viertelstunde ab- oder Seitwerts, absonderlich auf Marche, dergestalt betroffen würde, daß er mit dem Gesichte sich zurück kehrete, und darzu keinen Urlaub hat, noch andere redliche Ursachen anzeigen und erweisen kann, [...] als ein Deserteure an Leib und Leben gestraffet werde.[67]

Zu den Körperstrafen zählten das 30 bis 36malige Laufen durch die Spießrutengasse, was einem Todesurteil gleichkam, und die Todesstrafe durch den Strang, »außer dem aber [wird er] zum Schelmen gemacht, und sein Name oder Bildniß an den Galgen geschlagen.«[68]

Die Kriegsartikel von 1743 sahen das lebensbedrohliche Spießrutenlaufen für den Fall des Aufbegehrens und »Räsonnierens« gegen Befehle von Vorgesetzten überhaupt vor. Die Verdichtung der militärischen Disziplin zielte auf die Schließung der Organisationsform »Armee«.

> Alles raisonnieren gegen Officiers und Unter-Officiers im Dienst oder ausser Dienst, im Gewehr oder sonder Gewehr, soll mit Spieß-Ruthen hart bestraffet werden, erforderlich soll ein Kerl, wann er nur im Gewehr mit

> einem Wort raisonniret, augenblicklich in Arrest geschicket werden, und des andern Tages durch 200. Mann 20. mahl durch die Spieß-Ruthen lauffen. Hingegen, wann eine Widersetzung, Bedrohung oder gar Gegenwehr von einem Kerl gegen einen Officier oder Unter-Officier geschiehet, so soll ein solcher Kerl ohne Pardon arquebusiret werden.[69]

In der Zeit des Siebenjährigen Krieges »desertierten aus der preußischen Armee etwa 80.000 Mann, was der Hälfte der Truppenstärke zu Beginn des Krieges entsprach.«[70] Neben Flucht und Befehlsverweigerungen aller Art gehörten Freitode[71] und Selbstverstümmelungen, im Dienst wie auch unmittelbar vor der Rekrutierung, zu den widersetzlichen Passivierungspraktiken, um sich militärischer Verfügungsgewalt zu entziehen und für den Kriegsdienst untauglich zu machen: so das Daumenabschneiden, um keine Waffe mehr bedienen zu können, und Verstümmelungen der Zehen, um das Marschieren und Exerzieren zu erschweren.[72]

Die »Mikromacht der Disziplinen«[73] setzte auf die Habitualisierung effektiver Körpertechniken. Michel Foucault rückt die »Antidesertions-, Antivagabondage-, Antiagglomerationstaktiken«[74] der Disziplinarräume Gefängnis, Schule, Kaserne, Hospital, Fabrik, daher ausdrücklich von den Gewalträumen der Versklavung ab, »da sie nicht auf dem Besitz des Körpers beruhen; das ist ja gerade die Eleganz der Disziplin, daß sie auf ein so kostspieliges und gewaltsames Verhältnis verzichtet und dabei mindestens ebenso beachtliche Nützlichkeitseffekte erzielt,«[75] indem sie die Fähigkeiten und Tauglichkeit, die Schnelligkeit und Wirksamkeit des arbeitenden und sich verhaltenden Körpers, mithin die Herrschaft jedes einzelnen Körpers über sich selbst, zu steigern suchte. Physische Gewalt sollte so in »sanfte Gewalt«[76], in internalisierte Verhaltensführung transformiert werden.

Die Disziplinarräume basierten auf »produktiven« Machttechnologien, die Gewalträume der Versklavung dagegen auf »repressiven« Machtmechanismen,[77] die die Versklavten unterwerfen und brechen sollten: Die Sklavenhalter schöpften die Körper der versklavten Menschen mit schierer Gewalt ab und beraubten sie ihres Selbstbesitzes an Leib und Leben. Die Flucht aus den Gewalträumen des *slaving* war daher nicht nur eine riskante politische Praxis der Selbstbefreiung, sondern zugleich auch der Selbstaneignung und Wiederinbesitznahme der eigenen Person.

Flucht gehört nicht in den Tugendkatalog freier und gleicher Menschen und schon gar nicht in das Repertoire politischer Handlungsformen derer, die sich nicht selbst gehören durften. Thomas Hobbes machte in seiner Theorie der Sklaverei geltend, dass jeder, der in einem »gerechten Krieg« versklavt werde, dem »Stärkeren« im Tausch gegen sein eigenes Leben absoluten Gehorsam schulde. Mit dem »Geschenk des Lebens« sei die unbedingte Verpflichtung verbunden, jeden erdenklichen Befehl bis ans Lebensende ohne Widerstand und Reibungsverluste zu erfüllen. Diese Zusicherung könne der Herr mit dem Vertrauen beantworten, dem Versklavten seine »körperliche Freiheit« zu belassen und ihn nicht in Fesseln zu legen. Von diesem Typus des versklavten Kriegsgefangenen unterscheidet Hobbes die »Fronsklaven«, die in Eisen gelegt werden müssten, weil sie jede Gelegenheit zur Flucht ergriffen und ihren Arbeitsdienst nur verrichteten, »um körperlicher Züchtigung zu entgehen«:[78] »Denn wenn jemand in Fesseln gelegt wird, so zeigt dies ganz klar, daß der Fesselnde annimmt, der Gefesselte sei durch kein anderes Band genügend gebunden.«[79]

Für Hobbes ist Flucht die verstohlene Aktivität desjenigen, der seine Freiheit und sein Eigentum an sich selbst irreversibel verloren hat. Über den gefesselten wie über den ungefesselten Sklaven hat der Herr die »absolute Macht«

und das »höchste Eigentumsrecht« überhaupt inne. Daraus folgt, dass er nach Belieben über ihn verfügen, ihn »veräußern, verpfänden«, vererben kann, ohne jemals Unrecht zu tun.[80] Dieses absolute Recht auf die absolute Rechtlosigkeit des Sklaven schließt die Möglichkeit des Verzichts auf das Eigentumsrecht durch Manumission ein. Legitimerweise kann der Sklave, aus Sicht des Herrn, nur durch den Herrn freigelassen werden.

Flucht ist ein beweglicher Zustand fortwährenden Freiwerdens und Gejagtwerdens. Flucht mündet, so will es scheinen, bestenfalls in einem Ortwechsel und bemisst sich an der Weite der von den Gewalträumen der Sklaverei zurückgelegten Entfernung, nicht jedoch in einer rechtlich anerkannten und geschützten Freiheit. Die durch Flucht errungene Freiheit ist »wild« und »gesetzeslos«,[81] wie Bryan Edwards abschätzig dekretierte. Die klassischen politischen Konzepte setzen Freiheit als einen Wert an, der zwischen Menschen aufgeteilt werden kann: Aristoteles unterscheidet zwischen Sklaven und Freien von Natur.[82] In den kolonialen Naturzustandskonstruktionen der neuzeitlichen politischen Philosophie kommt Freiheit zwar jedem als Geburtsausstattung zu. Doch im sogenannten »Krieg aller gegen alle« werden die jeweils Widersetzlichen bzw. Unterlegenen legitimerweise versklavt und so ihrer natürlichen Freiheit durch die jeweils Stärkeren beraubt, wie die beiden Kolonialphilosophen Thomas Hobbes und John Locke hervorheben. Freiheit kann im kolonialen Mutterland in Form eines Gesellschaftsvertrages wechselseitig entäußert und an einen Souverän übertragen werden, um im Gegenzug Sicherheit für Leib und Leben durch staatliche Gewalt, wie bei Hobbes, zu erhalten, oder aber die Zusicherung künstlicher Freiheits- und Bürgerrechte, wie bei Rousseau. Kant postuliert die Autonomie in sittlichen Fragen und tritt, wie auch Hegel, dem Gedanken einer allmählichen Freilassung der versklavten Afrikaner näher. Marx und Engels wiederum können sich zwar für Abraham Lincolns *Emancipation Proclamation* erwärmen,[83] nicht jedoch, wie schon gesehen, für die massenweise aus den US-amerikanischen Südstaaten nach Norden und bis nach Kanada in die Freiheit fliehenden Sklavinnen und Sklaven: Sie sind das schlechthin Andere jeder Klasse.

Der Maroon und Abolitionist Frederick Douglass hat der Praxis fugitiver Selbstbefreiung dagegen in *My Freedom and my Bondage* unter dem Titel »Comparitive Freedom« im Kontext seines initialen Widerstandes gegen »Master Covey« erstmals politisch-philosophische Konturen verliehen:[84]

> Covey war ein Tyrann, und ein feiger noch dazu. Nachdem ich Widerstand geleistet und mich ihm widersetzt hatte, fühlte ich mich wie ich mich noch nie zuvor gefühlt hatte. Es war eine Auferstehung aus dem dunklen und beschwerlichen Grab der Sklaverei, hin zum Himmel einer verhältnismäßigen Freiheit. Ich war nicht länger ein dienstbarer Angstmeier, [...]; mein lange eingeschüchterter Geist war zu einer Haltung großer Unabhängigkeit erwacht. Ich hatte den Punkt erreicht, an dem ich keine Angst mehr davor hatte zu sterben. Dieser Geist machte mich zu einem freien Mann im faktischen Sinne, während ich formal ein Sklave blieb. Wenn ein Sklave nicht mehr ausgepeitscht werden kann, ist er mehr als zur Hälfte frei. Er hat einen Bereich erreicht, der so ausgedehnt ist, wie er selbst, wenn er sich verteidigt, und das ist wirklich eine »Macht auf Erden«. [...] Von dieser Zeit an bis zu meiner Flucht aus der Sklaverei bin ich nicht mehr ausgepeitscht worden. Viele Versuche wurden unternommen, mich aus-

> zupeitschen, doch sie waren alle erfolglos. Zwar bekam ich noch Schläge, wie ich dem Leser wahrheitsgemäß mitteilen sollte, aber der Fall, den ich beschrieben habe, bedeutete das Ende der Gewalt, die mich in die Sklaverei gezwungen hatte.[85]

Douglass behauptet sich als *Jemand* durch Überbietung seiner Todesangst. Sein Widerstand und seine Flucht machen die Gewalt der Verdinglichung und Vertierung mit wachsender Entfernung unwirksam und eröffnen durch ihre eigene Aktivität einen Ausweg aus der Sklaverei. Dass Douglass vor dem Gesetz rechtloser Sklave und lebendiges Eigentum seines Masters bleibt, solange die Sklaverei keine revolutionäre Abschaffung erfahren hat, macht die Verhältnismäßigkeit seiner selbst errungenen Freiheit aus. Douglass soll gegen Ende seines Lebens als US-Botschafter in der Republik Haiti tätig gewesen sein.[86] In *Life and Times* zollt er der Haitianischen Revolution Tribut, die ihm ebendiese Grenzen seiner »verhältnismäßigen Freiheit« aufgezeigt habe.[87]

Maroons hatten nicht die Absicht, in die Sklaverei zurückzukehren, sie suchten im buchstäblichen Sinne das Weite und fanden ihre verhältnismäßige Freiheit in der Distanz eines reterritorialisierenden, instabilen Gefüges, in dem neue Kräfte geboren werden: Gilles Deleuze und Félix Guattari legen Nachdruck darauf, dass eine Assemblage bzw. ein Agencement[88] eine »Vielheit«, eine »Verkettung« von Heterogenem bzw. ein »fragmentarisches Gefüge« darstellt, das von Bewegungs- und Fluchtlinien einerseits, von relativer Verlangsamung und Zähigkeit, Überstürzung und Unterbrechung andererseits durchzogen ist, die Reterritorialisierung damit selbst von mehr oder minder gegenstrebigen Fließgeschwindigkeiten, »unsinnigsten Hoffnungen«[89] und Kräfteverhältnissen in Bewegung gehalten wird. Ein Gefüge[90] stiftet Verbindungen und Beziehungen, die über Abstammung, »Zeitalter, Reiche und Geschlechter« hinwegführen. Es ist von »Bündnissen«, »Mischungen«, »Sympathien« und Funktionszusammenhängen bestimmt. Wichtig sind »die Ansteckungen, die Epidemien, der Wind. Die Hexen wußten da gut Bescheid.«[91] Das heterogene Element ist nicht durch seine Herkunft, sondern durch seine Zugehörigkeit zum Gefüge bestimmt. Gefüge sind durch zwei Seiten bzw. Pole charakterisiert: Auf der einen Seite gibt es »*Sachverhalte*, Körperzustände (die Körper durchdringen, vermischen sich, übertragen wechselseitig Affekte [...])«,[92] stehen in »Fühlung« und »Berührung«[93] miteinander, auf der anderen Seite Aussagen und Aussagensysteme: »Die Zeichen organisieren sich neu, neue Formulierungen tauchen auf, ein neuer Stil für neue Gesten tritt hervor.«[94] Zwar betonen Deleuze und Guattari, dass für *Assemblage* Territorialität und »alle möglichen Künstlichkeiten umfassenden Reterritorialisierungen« konstitutiv sind. Doch es gibt keine *Assemblage* ohne »Deterritorialisierungsspitze, [...] ohne Fluchtlinie«, die sie neuen »Schöpfungen« und Transformationen, auch dem »Zufall, dem Tod«[95] zuführen. Ausgehend von dieser zweifachen Flucht- und Transformationsbewegung spricht einiges dafür, *Maroon societies* als fugitive *Assemblage* zu charakterisieren: Einerseits richteten sich die Flucht- und Transformationsbewegung reaktiv gegen die Gewalträume der Sklaverei, schlugen diese selbst in die Flucht, indem sie sich von ihnen entfernten, andererseits kreuzten, überschnitten, bündelten und verdichteten sich die Fluchtlinen zu *Assemblages* und brachten so neue, emergente und eigenständige Lebensformen hervor, die weder reduzierbar waren auf gemeinsame Herkunft noch auf das *Fighting back*. *Maroon societies* werfen, so Eric Hobsbawm, grundlegende Fragen auf:

> How do casual collections of fugitives of widely different origins, posessing nothing in common but the experience of transportation in slave ships and of plantation slaverey, come to form structured communities? How, one might say more generally, are societies founded from scratch?[96]

Mit Deleuze und Guattari kann man darauf wohl antworten: als *Assemblage* im Prozess intensiven, offensiven und schöpferischen Frei-Werdens, der auf der irreduzierbaren »Kraft zu fliehen«[97] beruht. So ist es nicht erstaunlich, dass sie ihr Konzept der »Fluchtlinien« unter Rekurs auf den militanten Bürgerrechtsaktivisten George Jackson und dessen Schrift *Soledad Brother: The Prison Letters of George Jackson*[98] ausgearbeitet haben, worauf Nicolas Thoburn[99] und insbesondere Michelle Koerner[100] hinweisen. Nach einem bewaffneten Überfall auf eine Tankstelle, seine erste Widerstandserfahrung, wie George Jackson im Rückblick selbst betonte,[101] wurde er als Achtzehnjähriger zu einer Freiheitsstrafe von einem Jahr bis lebenslänglich im San Quentin State Prison verurteilt. Die tatsächliche Länge der Haftstrafe sollte an seinem Verhalten im Gefängnis bemessen und von Jahr zu Jahr überprüft werden. Am 13. Januar 1970 wurde Jackson gemeinsam mit Fleeta Drumgo und John Clutchette für den Mord an einem Wärter im Gefängnis in Soledad angeklagt. Er und die beiden anderen Inhaftierten wurden als die *Soledad Brothers* bekannt.[102] Im Hochsicherheitstrakt von San Quentin State Prison studierte er in Isolationshaft von täglich 23 Stunden W.E.B. Du Bois, Cyril Lionel Robert James, Aimé Césaire, Ralph Ellison, Frantz Fanon, Che Guevara, Marx und Engels [103] und verfasste *The Prison Letters*, in denen er eine Kritik der »captive society« und ein Konzept der Revolte durch Flucht entwickelte: »When I revolt slavery dies with me. I refuse to pass it down. The terms of my existence are founded on that«.[104]

Am 21. August 1971 wurde Jackson während eines Fluchtversuchs im Gefolge eines Gefangenenaufstands auf dem Gefängnishof des San-Quentin-Gefängnisses niedergeschossen.[105] Beginnend mit Jean Genet's Unterstützung für die *Black Panther Party* zirkulierte 1971 eine französische Übersetzung *Les frères de Soledad* [106] unter den Akteuren des Gefängniskampfes in den frühen 1970er Jahren in Frankreich. In diesem Kontext erfuhren *Les frères de Soledad* auch die Aufmerksamkeit der Mitglieder der von Michel Foucault und Daniel Defert gegründeten *Groupe d'Information sur les Prisons*.[107] Zeitgleich arbeiteten Deleuze und Guattari an ihrem Denkbild der »Fluchtlinien« und beriefen sich dabei auf George Jackson sowie auf das »Schwarz-Werden« von John Brown, der 1859 vergeblich versucht hatte, in der Nähe von Washington Sklaven aus den umliegenden Plantagen mit Waffen aus einem Waffenlager der Unionstruppen zu versorgen, um sie zu einem Aufstand zu bewegen.[108]

> Die ehrenwerten Leute erklären, dass man nicht fliehen dürfe, daß das nicht gut, unwirksam sei, daß man für Reformen sich einsetzen müsse. Doch der Revolutionär weiß, daß die Flucht revolutionär ist, *withdrawal* (der Rückzug) *freaks*, sofern man nur die Decke mit sich reißt oder ein Stück des Systems fliehen lässt.[109]

Fluchtlinien sind nicht nur Raumpraktiken des Verschwindens und Zeitpraktiken der Abwesenheit, sie haben auch die Kraft, die Gewalt- und Gefängnisräume selbst in die Flucht zu schlagen. »Auf den Fluchtlinien werden neue Waffen erfunden, um sie gegen die schweren Waffen des Staates zu wenden, und ›es kann sein, daß ich auf der Flucht bin, aber ich suche dabei eine Waffe‹ (George Jackson).«[110]

In Deleuzes und Guattaris Konzept der Assemblage lässt sich daher nicht nur die praktische und theoretische Kraft von George Jackson's revolutionären Fluchtlinien nachzeichnen, sondern auch die verblichene Geschichte des fugitiven Widerstands und eines Denkens der Freiheit *als* Marronage rekonstruieren. »I do my best thinking on my feet«[111], so George Jackson.

III.
»Wo Macht ist, ist auch Widerstand«

Fliehen bedeutet, mit den eigenen Füßen zu denken. Widerstand ist, Edmund Husserl und Sigmund Freud zufolge, eine gemischte Praxis aus Sinn und Kraft. Sie richtet sich gegen eine andere, gegenstrebige Kraft, stemmt sich gegen eine unterwerfende Macht, steht quer zu einer bezwingenden Gewalt und ist damit stets eine Frage ungleicher Kräfteverhältnisse. Damit bestreitet sie zugleich die Vollständigkeit und Gewissheit eines vorherrschenden Sinnsystems, sie widersetzt sich seiner Gewaltgeschichte, rassistischen Moral, politischen Zoologie, kolonialen Ökonomie und fordert diese mit einem Gegensinn heraus. »Wo Macht ist, ist auch Gegenmacht«,[1] skandierte Michel Foucault unter dem Eindruck der Hypothese Nietzsches vom Willen zur Macht, der stets mit differentiellen Machtverhältnissen, mit mehr als nur einer einzigen Macht rechnet.[2] Dieses *Wogegen* kann als ein punktuelles Ereignisses auftreten, in Form eines kurzfristigen Aufbegehrens, vielleicht als herausforderndes Lachen aufflammen, sich als offene Befehlsverweigerung ereignen, einen fortwährenden Kampf bis zur Erschöpfung aller widerständigen Kräfte bezeichnen, ohne Frage auch heißen, siegreich zu widerstehen, mit Erfolg anzuklagen und zu fordern. In destruktiven Gewalt- und Machträumen entfaltet nicht so sehr die Macht als vielmehr die Gegenmacht eine erfinderische Produktivität.[3] Im Verhältnis zu Macht und Gewalt ereignen sich Widerstand und Gegengewalt nicht zuerst im Brennpunkt einer großen Revolution und eruptiven Weigerung,

> sondern es gibt einzelne Widerstände: mögliche, notwendige, unwahrscheinliche, spontane, wilde, einsame, abgestimmte, kriecherische, gewalttätige, unversöhnliche, kompromißbereite, interessierte oder opferbereite Widerstände […], die Widerstandspunkte, -knoten und -herde sind mit größerer oder geringerer Dichte in Raum und Zeit verteilt, gelegentlich kristallisieren sie sich dauerhaft in Gruppen oder Individuen.[4]

Es gibt sie gerade auch an bestimmten Zonen des menschlichen Körpers, seiner *potentia passiva*[5] und *potentia activa*, mithin an »transitorischen Widerstandspunkten«.[6]

Auf der Ebene von gewaltsamer Enteignung und Disziplinierung entstehen »Rückforderungen des eigenen Körpers gegen die Macht«: »Die Macht ist in den Körper vorgedrungen, sie sieht sich im Körper selbst Angriffen ausgesetzt«[7], der darauf mit buchstäblichen *body politics* und widerständigen Praktiken antwortet.

»Wo es Macht gibt, gibt es Widerstand.«[8] Zu widerstehen ist der Beginn aller »Erfindsamkeit«, der »Kunst der nuances, d[er] feine[n] Fingerfertigkeit in der Handhabe von nuances«,[9] sich undienlich zu machen. An allen Ereignissen und Formen des Widerstandes ist das wohl Unerklärlichste, dass und wie überhaupt aus dem unerträglichen Leid, das mit Ohnmacht, mit gewaltsamer Ausbeutung, Versklavung, Misshandlung, Demütigung, Unterwerfung, Kraftlosigkeit, Auszehrung, Erschöpfung, Hunger und Durst, mit Ausweglosigkeit und Verlorenheit verbunden ist, die Kraft der Zurückweisung, des Widerstehens und Sich-Entziehens hervortreten kann.

In Gewalt- und Machträumen, die auf destruktive Überarbeit und Vernichtung ausgerichtet sind, müssen sich Widerstände vielfach im Verborgenen, unter der Maske der Unterwürfigkeit und des vermeintlichen Einverständnisses abspielen, um Raum und Zeit zu schaffen für geheime Aufzeichnungen, Fluchtvorbereitungen, nächtliches Tanzen, Sabotage, Diebstahl, Tag- und Nachtträume, Freundschaftsgespräche, Gebete, Trauer und Scheitern. Unter dem Gesichtspunkt widerständiger Selbstbehauptung kann »›Aufgeben‹« zwar ein Eingeständnis der Schwäche und des Scheiterns, »aber möglicherweise ehrenvoller [sein] als ›ein[zu]willigen‹«.[10] Zwischen »Eigensinn«, Mitmachen und Verweigern einerseits,[11] Aufstand, Subversion und Revolte andererseits, bewegt sich Widerstand selbst in einem Kräftefeld des Mehr oder Weniger und lässt sich nur schwer in eine Form oder eine Bedeutung fassen. Als gegenwendige Praxis, die nicht bei sich selbst beginnt, erscheint er selbst renitent gegenüber begrifflichen Festlegungen. Als Re-Aktion bleibt er irreduzibel gebunden an ein *Wogegen* und spielt sich nicht selten in einer »Undeutlichkeits-, Ununterscheidbarkeits- und Ambiguitätszone«[12] ab, in der sich die Grenzlinien zwischen Tätern und Opfern, Gewalthabern und Gewaltunterworfenen verstricken, ohne zwangsläufig diffus zu werden. Das gilt gerade auch für Figuren des Dritten,[13] für »Gewaltpersonal«,[14] das gezwungen wird, Zwang auszuüben, und selbst mit Gewalt dazu gebracht wird, gewalttätig zu sein.

Ist Überleben in einer Situation extremer Gewalt ein Widerstandsakt? Kann er unter solchen Umständen eine politische Dimension entfalten? Wer oder was verleiht dem Akt des Aufbegehrens gegen eine feindliche Macht und vernichtende Gewalt eine politische Signatur? Wollte man ihn am Erfolg messen, am effektiven Schaden, den er den Gewalthabern zufügt, am Sturz des Gewaltregimes, gegen das er sich richtet, machte man die zahllosen gescheiterten, im Sande verlaufenen und beinahe spurenlos gebliebenen Widerstandsakte terrorisierter, anteilsloser, ausgezehrter und erniedrigter Menschen einmal mehr unsichtbar.

Stattdessen gilt es, den politischen Richtungssinn von Widerständen am Selbstverständnis derer zu orientieren, die sie praktizieren. Das zumindest eröffnet einen Zugang zu Widerstandspraktiken der Aisthesis, der Passivierung und des Undienlichwerdens und öffnet den Blick für augenblickliche Wirklichkeiten, punktuelle Wirkungen und ephemere Wirksamkeiten: Noch der unscheinbarste und geringste Widerstand hat eine diagnostische Wirkung in Bezug auf die Ungebrochenheit und Absolutheit von Macht und Gewalt. Er führt, zumindest für die Dauer seines Auftretens und Sich-Ereignens, eine *diágnosis*,[15] eine Unterscheidung und Entscheidung zwischen Macht und Gegenmacht, mithin eine radikaldemokratische Gewaltenteilung *in statu nascendi* herbei. Widerstand zerteilt je von Neuem die Gewaltfülle und Machtvollkommenheit derer, die sie ausüben und verkörpern, auch dann, wenn er sich nicht auf öffentlicher Bühne abspielen kann. Denn Gewalträume sind dadurch gekennzeichnet, dass sie die Grenze zwischen Privatheit und Öffentlichkeit außer Kraft setzen und den gewaltunterworfenen Menschen jede öffentliche Anrufungsmöglichkeit verwehren. Daher kann sich Widerstand in Gewalträumen vielfach nur im Verborgenen und Unsichtbaren ereignen und, wenn überhaupt, erst mit historischer Nachträglichkeit zur Erscheinung gebracht und vernehmlich gemacht werden, im Modus einer *verité à faire*.[16] Das gilt auch für jene häuslichen Räume und Orte der Intimität, die die europäische politische Philosophie als »vorpolitisch« deklassiert und auf bloße Reproduktivität reduziert hat. Widerstand gegen den Hausherrn, Vater, Ehemann, Vergewaltiger, Sklavenhalter nimmt sich durch sich selbst ein »Recht auf Widerstand«. Als fintenreiches, geheimes Manöver durchkreuzt er eine hausherrschaftliche Absicht und stellt die öffentlich anerkannte Institution des Hauses in Frage, ohne damit selbst unmittelbar in die Öffentlichkeit zu treten.

Die Grenzziehung zwischen Oikos und Polis, zwischen vorpolitischer Privatheit und politischer Öffentlichkeit, hat überhaupt nur aus der Perspektive von Sklavenhaltern, Gewaltakteuren, Hausherren und Bürgern, der weißen Bourgeoisie[17], eine politische Dignität.[18] Sie verbrämt und verdunkelt die sexuelle und sexualisierte Gewalt des Hauses, die Zwangsarbeit auf den Plantagen, die »destruktive Arbeit«[19] auf Kriegsschauplätzen und in Vernichtungslagern, und damit jene extralegalen und extraterritorialen, jene nicht- oder halb-öffentlichen Räume, in denen sich mitunter nur »zerstreute Widerstände«[20] ereignen können, ohne eine deutliche diskursive Spur zu hinterlassen.

Die Sprache der politischen Philosophie war und ist die Sprache der Handlung und der Aktion. Die Denker des Staates, der Herrschaft und der Macht waren stets auf der Seite der Souveränität, der Aktivität, der rassistischen Versklavung und Vernichtung, an deren Legitimation und öffentlichen Verhehlung sie selbst mitgewirkt haben, nicht aber auf der Seite der Ohnmacht, des Leidens und der Heteronomie.[21] Leid und Passivierung haben aber auch unter den Denkern der »Anteilslosen« und der revolutionären Selbstbefreiung einen schlechten Ruf.[22] Gilt es doch gerade, Ohnmacht und Ausbeutung zu überwinden und in einen offenen Kampf mit denjenigen einzutreten, die den Anteilslosen ihren Zugang zum Sagbaren und Sichtbaren, zu Gleichheit und Freiheit verwehren. Misst man Widerstand jedoch nicht an den erfolgreichen Systemumstürzen, sondern daran, dass er sich überhaupt ereignet hat, dann öffnet sich der Blick dafür, dass Mikrophysiken des Widerstands mitunter mit Makrophysiken revolutionärer Gegengewalt verwoben sind, wie die Marronage und die Haitianische Revolution zeigen. Eine politische Theorie, die die flachen, verstreuten, niedrigschwelligen und gescheiterten Formen des Widerstands in den Mittelpunkt stellte, müsste das

Politische von einer »passiven Synthesis«,[23] von der »Passivität als Widerstand«[24] und von Praktiken der Passivierung ausgehend denken. Widerstände in Extremsituationen der Gewalt artikulieren sich gerade auch durch buchstäbliche *body politics* der Selbstschwächung und Selbstverletzung, durch Gesten des Sich-Entziehens, des Fliehens und Verschwindens, um sich für den Zugriff der Macht und der Gewalt unverfügbar zu machen.

Die neuere Gewaltsoziologie, die sich nicht mehr primär mit Gewaltursachen, Gewaltmotiven oder gar Gewaltrationalitäten auseinandersetzt,[25] sondern vielmehr eine dynamisch-prozesshafte, situative, verlaufs- und vollzugsorientierte »Phänomenologie der Gewalt«[26] entwickelt, hat mit ihrer Aufmerksamkeit für die »physische Gewalt«[27] als »Inbegriff sinnlicher Erfahrung infolge ihrer Körperbezogenheit«[28] zu Recht das Leiden, den Schmerz, die Verletzung und Beschämung von Gewaltopfern in den Blick genommen und die Täterzentrierung früherer Gewaltsoziologien hinter sich gelassen.[29] Prominente Vertreter wie Wolfgang Sofsky, der in der Gewaltausübung (wie im Gewaltverzicht) eine irreduzible menschliche Freiheitsdimension erkennt,[30] hebt in seiner an Elias Canetti orientierten Beschreibung »absoluter Gewalt«[31] zugleich mit Georges Bataille auf die »Gewaltökonomie der Verausgabung«[32] und den Selbstzweck von Gewalt ab, die sich durch sich selbst nährt: im Exzess nämlich des Massakers, der sich entlädt, nachdem Jagd und Kampf abgeschlossen, die Gejagten umzingelt und jeder »Greueltat ausgeliefert« sind. Noch den »handfesten Widerstand«, der sich auf Seiten der Opfer der »absoluten Gewalt« entgegensetzt, speist er als rekursive Verstärkung in die Eigendynamik und »reine Praxis« des blutigen Gemetzels ein.[33] Jan Philipp Reemtsma sieht in seiner »Phänomenologie körperlicher Gewalt« und Analyse »lozierender«, »raptiver« und »autotelischer Gewalt«, die den Körper als »Masse« und zu beseitigendes Hindernis im Raum, als (sexuelles) Verfügungsobjekt respektive als Beschädigungs- und gar Zerstörungsobjekt behandelt,[34] gleichfalls von der Auseinandersetzung mit der (un-)möglichen Gegengewalt und Widerständigkeit von Gewalterleidenden ab.

Eine anspruchsvolle Gewaltforschung freilich, die auf die Transformationen,[35] die Eigen- und Entgrenzungsdynamiken von Gewalt abhebt, dabei nicht zuletzt die Rolle Dritter untersucht, die als Organisationen, Institutionen, Medien, Zuschauer und Mitwirkende auf Gewalthandlungen einwirken (sie neutralisieren, choreografieren, inszenieren, legitimieren, ermöglichen, verschärfen) und die konkreten Interaktionen und Wahrnehmungen zwischen Tätern und Opfern vielgestaltig verändern können, müsste, vom Leid der Opfer ausgehend, Handlungsspielräume der Gegengewalt und des Widerstands, auch die ihrer Abwesenheit, ernst nehmen.[36] Gewaltforschung sollte Nachdruck legen auf Mikrophysiken der Gegengewalt, und zwar in allen Spielarten widerständiger und reaktiver Gewalt, als psychische, symbolische, visuelle, kulturelle, informelle, verdeckte, sexuelle Gegengewalt. Denn Mikrophysiken der Gegengewalt können Gewalträume und Gewaltdynamiken verändern, sie punktuell schwächen und begrenzen, kurz: Gegengewalt kann eine Gewalt, die wähnt, absolut zu sein, und sich als totale ausgibt, *in nuce* treffen, erschüttern und in ihrem organisierten Lauf unterbrechen. Selbst wenn sie das nicht schafft, ist sie doch nicht nichts. Und ob sie »es schafft« oder nicht, kann im Vorhinein nicht gewusst werden und wird im Nachhinein allzu leicht mit Rückschauprojektionen beurteilt.

Es gibt bislang keine ausgearbeitete politische Theorie des Widerstands und des unzivilen Ungehorsams, in der das Politische unter Gesichtspunkten seiner Verborgenheit und Ortlosigkeit, seiner *vita passiva* und Aisthesis in Extremsituationen der Gewalt, der Verfolgung und Entrechtung im Mittelpunkt steht, auch keine moderne Soziologie der Gewalt, in der Gegengewalt als reaktive Praxis des Widerstands aus der Perspektive der Leidtragenden und Gewaltunterworfenen eine Rolle spielt. Allerdings weisen die frühen *African American Studies* und die frühe jüdische Holocaust-Forschung nicht nur programmatische Berührungspunkte mit einer solchen auszuarbeitenden Theorie des Widerstands auf, ihre Protagonisten haben gerade auch wegweisende Verfahren und alltagshistorische Untersuchungen entwickelt, in denen Gewalt- und Widerstandsforschung auf bemerkenswerte Weise verschränkt sind.

IV.
Widerstands- und Gewaltforschung *avant la lettre*

Zwischen 1936 und 1938 wurden im Rahmen des ersten *Federal Writers' Project*, besser bekannt als *Federal Arts Project*, das Präsident Franklin Delano Roosevelt im Rahmen des *New Deal* ins Leben gerufen hatte, in 17 Bundesstaaten der USA mehr als 2000 Interviews mit Afroamerikanerinnen und Afroamerikanern geführt, die teils noch in Sklaverei geboren worden waren.[1] John A. Lomax, der *National Advisor on Folklore and Folkways*, der im April 1937 spezifizierte Guidelines für die Interviewer (»workers«) entwickelt hatte, beabsichtigte, die *Ex-Slave-Narratives*, insbesondere jene, welche die Antebellum-Periode betrafen, in abolitionistischen Zeitschriften zu veröffentlichen, um zeitgenössische Sklavereibefürworter und den Ku-Klux-Klan herauszufordern.[2] Daher dramatisierten wohl die *Antebellum*-Narrationen die Selbstbefreiungserfahrungen und die Folgen der Flucht aus der Sklaverei,[3] nicht zuletzt die Selbstbehauptung jener Frauen und Männer, die sich nach misslungener Flucht ihrer Auspeitschung widersetzt und ihren Widerstand als Wahrung ihrer menschlichen Würde verstanden hatten.[4] Für die Zeit nach dem Bürgerkrieg und der *Reconstruction Era* schien dieser Gesichtspunkt in den Hintergrund zu treten zugunsten der Dokumentation des »daily life in a plantation« und der retrospektiven Einschätzungen der Sklaverei, die die zum Zeitpunkt des Gesprächs hochbetagten Zeitzeugen als »Sklavenkinder« noch selbst erlebt hatten.[5] Lomax wies die Interviewer diesbezüglich an, keine Äußerungen zu zensieren.[6] Was die Interviewfragen, bezogen auf das 20. Jahrhundert und die *Harlem Renaissance* der 1920er Jahre betraf, so galten sie der Afrikanisch-Amerikanischen Kultur und Kunst sowie Künstlern wie Langston Hughes oder Zora Neale Hurston. John und Ruby Lomax, Zora Neale Hurston, Roscoe Lewis, John Henry Faulk und andere hatten auf dem Gebiet der *Oral History* und der *Ex-Slaves-Narratives* selbst Pionierarbeit geleistet. Mit einfachen Aufzeichnungsgeräten reisten sie Ende der 1920er Jahre durch den Süden der USA, um Songs und Erzählungen aufzunehmen, »trying to capture the voices of men and women who had experienced slavery.«[7]

Zora Neale Hurston hatte 1931 in *Barracoon. The Story of the Last ›Black Cargo‹* die Lebensgeschichte des damals Neunzigjährigen Oluale Kossola erzählt und ihm über weite Strecken selbst das Wort überlassen,[8] in seiner eigenen »bildstarken, präzisen und eindringlichen Sprache«,[9] wie Sophia Lohman unterstreicht. Oluale Kossola, der 1840 in Bantè, dem heutigen Benin, geboren wurde und in den USA den Namen Cudjo Lewis erhalten hatte, erzählt von seiner Jugend in Bantè, davon, wie er als einziger Überlebender seiner Familie in einer der *Barracoons* an der afrikanischen Küste gefangen gehalten wurde und mit 110 weiteren Gefangenen im Auftrag des in Alabama tätigen Geschäftsmannes Timothy Meaher auf der *Clotilda*, dem letzten Sklavenschiff, das 1860 Nordamerika erreichen sollte, von Kapitän William Foster in die USA deportiert wurde. Fünf Jahre später endete der Amerikanische Bürgerkrieg, die Sklaverei wurde formal abgeschafft. Kossola berichtet von seinem Leben in der *Reconstruction Era*, das von Elend, Diskriminierung und dem Tod seiner Kinder bestimmt war, in einer diasporischen Gemeinschaft mit ihrem widerständigen kulturellen Erbe. Erst 2018 wurde Zora Neale Hurstons Erzählung veröffentlicht. Die über lange Zeit vergessene Schriftstellerin, die selbst zur *Harlem Renaissance* gehört und an der *Slave Narrative Collection* der *Work Progress Administration* (WPA) mitgewirkt hatte,[10] zählt heute zu den Ikonen afroamerikanischer Feministinnen, Künstlerinnen und Bürgerrechtsaktivistinnen.[11]

Die *Work Progress Administration's* (WPA) *Slave Narrative Collection* konnte von der bahnbrechenden Arbeit ähnlich gelagerter, lokaler Projekte profitieren, die seit 1927 bereits an schwarzen Universitäten, an der *Southern University* und an der *Fisk University*, unter der Leitung der Historiker Ophelia Settle Egypt, Hohn B. Cade und des Soziologen Charles S. Johnson in kleinerem Umfang durchgeführt worden sind.[12] Wichtige Stationen einer eigenen selbstbewussten afroamerikanischen Geschichtsschreibung,[13] im Widerstand gegen die rassistische und sklavereifreundliche Historiografie, für die Ulrich Bonnell Phillips' *American Negro Slavery*[14] Pate gestanden hatte, bezeichneten William Du Bois' Untersuchung über den transatlantischen Sklavenhandel, mit der er als erster Afroamerikaner 1896 an der Harvard University die Doktorwürde erlangt hatte, ferner die Gründung der *Association for the Study of Negro Life and History*, 1915 durch Carter G. Woodson, Sohn der ehemaligen Sklaven James Woodson und Ann Eliza Riddle Woodson, und nicht zuletzt das von ihm ein Jahr später gegründete *Journal of Negro History*.

Die mehr als 2000 Interviews der auf die Intitiative Roosevelts zurückgehenden *Work Progress Administration* wurden 1941 unter dem Titel *Slave Narratives: A Folk History of Slavery in the United States from Interviews with Former Slaves* als siebzehn Bände umfassender Mikrofilm veröffentlicht. Heute sind sie in digitalisierter Form auf der Webseite der *Library of Congress's American Memory* und dank verschiedener Buchpublikationen zugänglich. Bis in die 1970er Jahre äußerten Historiker wie John W. Blassingame[15] und

C. Vann Woodward[16] immer wieder Bedenken hinsichtlich des objektiven historischen Aussagegehalts der Interviews und sprachen Autobiografien wie denjenigen von Solomon Northup und Frederick Douglass demgegenüber authentischen Wert zu: »WPA field agents interviewed more urban slaves than rural slaves, more men than women, and more house servants than field hands.«[17] Ein entscheidender Einwand aber war, dass die Interviews in der Hauptsache von unausgebildeten »white Southerners« durchgeführt worden waren. Terri L. Snyder weist unter Rekurs auf Rhys Isaac zu Recht darauf hin, dass sie im »negro dialect« erstellt worden sind, in dem von Weißen ersonnenen Idiom der *minstrel shows*.[18] Und in der Tat gibt es schriftliche Belege dafür, dass Interviewte ein »exzellentes Englisch« sprachen:[19]»Former slaves tended to defer and avoid conflict during the inerview. When African Americans interviewers were present, the ex-slaves were more candid and often expressed resentment about the slavery experience.«[20]

Diejenigen, die von schwarzen Interviewern befragt wurden, waren also freimütiger und offensiver, was Auskünfte über »black restistance to white«, ihre Bewunderung für Nat Turner und seinen blutig niedergeschlagenen Sklavenaufstand, was grausame Bestrafungen durch Sklavenhalter, Familientrennungen durch Verkauf, sexuelle Gewalt und »Rassenmischung« anging. Das belegen auch die 900 Interviews, die zwischen 1929 und 1938 von »black Scholars« am *Hampton Institute*, an der *Fisk University* und der *Southern University* durchgeführt worden sind, wie John W. Blassingame herausstellt.[21] So angreifbar die Rahmenbedingungen der Interviews und deren historische Bedeutung als »Sklavenzeugnisse« auch sind, vermitteln sie doch einen Eindruck von ebenjenen Bedingungen selbst, unter denen sie stattgefunden haben, und tragen Stimmen, Klangfarben, Erzählungen, Erlebnisse, Schmerzen und Widerstände über die *color line*, von der sie zugleich bestimmt sind. Sie verzeichnen ein Spektrum an Erzähl- und Gesprächsstrategien, mittels derer sich viele der Beantwortung des Fragenkatalogs entzogen und sich weigerten, ihre persönliche Geschichte geradewegs mit den weißen Interviewern zu teilen. Andere verwoben fantastisch erscheinende Details mit ihren Erinnerungen an das alltägliche Leben in der Sklaverei, wie die Intervention von Geistern oder eine persönliche Begegnung mit Abraham Lincoln, die je nach Kontext eine Verspottung der »workers«, ein Ablenkungsmanöver, ein Scherz, eine symbolische Markierung oder etwas ganz anderes gewesen sein dürften.[22] Um die Hoheit über ihre eigene Geschichte zu wahren, fügten andere ihrer Narration korrigierende Fußnoten hinzu oder beschwerten sich mit Memos, vielfach erfolgreich, bei den Vorgesetzten des jeweiligen Interviewers, wenn dieser eigenmächtig in ihre Erzählung eingegriffen hatte. Wieder andere setzten ihre Furcht vor Vergeltung hintan und warnten die Interviewer zu Beginn, dass ihnen nicht gefallen würde, was sie zu sagen hätten, aber sie wollten ihre Meinung sagen.[23]

Diese Erzählungen sind schlaflose, aufwühlende historische Zeugnisse trotz allem, diskursive Spuren jener Interviewereignisse selbst, die sich in ihrer Singularität einer vollständigen Überführung in Geschichte und Geschichtsschreibung widersetzen: » [F]or the first and last time, a large number of surviving slaves […] have been permitted to tell their own story, in their own way«,[24] wie Benjamin Botkin, Nachfolger von John A. Lomax 1941, in leicht gönnerhaftem Ton herausstellte.

1937 begann der jüdische Historiker Herbert Aptheker damit, der innerhalb der offiziellen amerikanischen Historiografie bis dahin völlig marginalisierte Frage des sklavischen Widerstandes aus marxistischer Perspektive nachzugehen.[25] Dabei unterschied er acht Widerstandsformen:

Freikauf, Streik, Sabotage, Suizid und Selbstverstümmelung, Flucht – zu den *communities* der *runaways* – sowie Überlaufen zu den Armeen der Franzosen, der First Nations, der Kanadier, Holländer, Spanier, Mexikaner und Briten, ferner Anti-Sklaverei-Agitation, schließlich: Revolten.[26] Als erster nicht-rassistischer Historiker überhaupt untersuchte er 1931 *Nat Turner's slave rebellion* von 1831.[27] In seiner Dissertation *American Negro Slave Revolts* folgte er 1943 der Erkenntnis, dass es sich nicht um ein einzelnes Ereignis gehandelt haben konnte.[28] Das Zeitalter der Revolution war nicht nur in Südamerika, insbesondere in Haiti, sondern auch in den USA eine Epoche der Sklavenrevolutionen und -rebellionen, etwa unter der Führung Catos 1739, Gabriels 1800 und Denmark Veseys 1822.[29] Allein im Süden konnte Herbert Aptheker 250 größere und kleinere Sklaven-Revolten namhaft machen.[30] 1951 edierte er den ersten Band der siebenbändigen *Documentary History of the Negro People in the United States*.[31] Zeitgenössische Historiker, darunter vor allem jüdische und sozialistische wie Harvey Wish,[32] Joseph C. Carroll[33] und Kenneth W. Porter[34], setzten sich zur gleichen Zeit mit den verschiedenen Formen der *slave resistance* auseinander. Der vom jüdischen Kwakiutl- und Potlach-Ethnologen Franz Boas promovierte, ebenfalls jüdische Anthropologe Melville J. Herskovits,[35] der erste Lehrstuhlinhaber für *African Studies*, widmete sich 1941 in *The Myth of the Negro Past* den *survival studies*, dem lebenswichtigen Austausch von kulturellem Wissen, von Ethos und diasporischen Erfahrungen zwischen den in die Kolonien deportierten Afrikanern, den bereits in die Plantagensklaverei »Assimilierten« und den Neuankömmlingen, mithin dem Überleben des westafrikanisch-transatlantischen Erbes, das eng mit der Geschichte des Widerstands gegen die Sklaverei verbunden war.[36] Das *fighting back* im *Black Atlantic* [37] bedurfte jedoch vielfältiger kultureller Ressourcen, die sich nicht unidirektional aus der europäischen Sklavenhalterkultur und dem Widerstand gegen sie speisten.[38]

Wie bei den afroamerikanischen Soziologen und Bürgerrechtsrechtaktivisten William Du Bois und E. Franklin Frazier[39] oder dem Historiker Frederic Bancroft[40] standen Selbstzeugnisse ehemaliger Sklavinnen und Sklaven auch im Zentrum der Analysen[41] der beiden jüdisch-österreichischen Soziologen Alice H. Bauer und Raymond A. Bauer. In den 1940er Jahren lenkten sie wohl erstmals den Blick auf die alltäglichen Widerstandspraktiken gegen die Sklaverei, nicht zuletzt auf doppelbödige Künste des Handelns, wie im Falle Solomon Northups, der als schwarzer »Treiber« die Peitsche zum Schutz seiner »Fellows« gekapert und es verstanden hatte, die »Feldsklaven«, sofern sie nicht mit der gehörigen Geschwindigkeit arbeiteten, »kunstvoll« auszupeitschen, ohne ihnen auch nur ein einziges Haar zu krümmen.[42] Ignoranz, sich dumm stellen gegenüber dem »Master«, gehörte auch aus Sicht des Abolitionisten Frederick Douglass zu den »gerissensten Tugenden«, um sich dem Gewalt- und Zwangsarbeitssystem zu entziehen.[43] Die beiden Bauers gehörten auch zu den ersten, die die *aktiven* und *passiven* Widerstandspraktiken gegen die Sklaverei untersucht haben, und zwar konsequent *from the slaves' point of view*.[44] Zu den alltäglichen Widerstandspassivierungen zählten sie Suizide, Kindstötungen, Abtreibungen und Selbstverstümmelungen.[45] In ihrer dichten Beschreibung der *Day to Day Resistance to Slavery* verliehen sie ferner den, wie sie es nannten, »praktischen Streiks«[46] ein politisches Gewicht, noch diesseits von Revolten und revolutionären Bewegungen. Dazu zählten sie Flucht, Blaumachen, Krankfeiern, »Faulheit«, »Inkompetenz«, verlangsamte Arbeitsrhythmen, nächtliches Tanzen bis zur Erschöpfung, Zerstörung von Arbeitsgerät und Arbeitstieren, Diebstahl, Sich-Lustigmachen über die Pflanzer, so tun als ob, Maskierung der eigenen Gefühle, Brandstiftung, Vergiftung von Sklavenhaltern und Hexerei. In ihrer Studie findet sich das gesamte Repertoire der Arbeitsverweigerung, wie es sich auch im proletarischen Widerstand entwickeln sollte, freilich mit dem großen Unterschied, dass die Arbeiterbewegung schriftliche Diskursivierungen ihres Kampfes gegen die »Despotie der Fabrik« und »Lohnsklaverei« hervorgebracht hat. Sie konnte dies in einem Umfang tun, wie es den weitgehend in Schrift- und Mittellosigkeit gehaltenen Sklavinnen und Sklaven gerade nicht möglich war, die dagegen primär auf orale Praktiken setzten.

Die Pionierleistung der beiden Bauers bestand nicht nur darin, dass sie die praxeologische Wende und damit Michel de Certeaus poietisch-politisches Verständnis von Alltagspraktiken wie auch Alf Lüdtkes Alltagsgeschichte des Eigensinns vorwegnahmen. Mit ihre Aufmerksamkeit für afroamerikanische Widerstandspraktiken, mittels derer sie die Versklavten als politische Subjekte zur Erscheinung brachten, machten die beiden jüdisch-österreichischen Wissenschaftler, die sich in den 1960er Jahren mit Untersuchungen zu Massenmedien hervortun sollten,[47] eine soziologische Auffassung von Geschichte jenseits von Staatlichkeit und Territorialität geltend, wie sie Simon Dubnow im Hinblick auf die jüdische Geschichte entwickelt hatte.

In den Schriften von Herbert Aptheker, Melville Herskovits, Raymond und Alice Bauer und anderen jüdischen Sklavereiforscherinnen und Sklavereiforschern stoßen wir nicht nur auf die ersten Spuren eines »relationalen Erinnerns«,[48] sondern vor allem auf »multidirektionale« Berührungs- und Verbindungslinien in der Untersuchung diasporischer Erfahrungen, von niedrigschwelligen Widerstands- und rassistischen Gewaltgeschichten. Die Untersuchung der afrikanischen Diaspora berührte die Geschichte der jüdischen Diaspora, ohne dass solche Relationen eine

Relativierung durch eine Gleichsetzung kolonialer und eliminatorischer Gewalt bedeutet hätten.

Was die für die »multidirektionale« Untersuchung von verschränkten Gewalt- und Widerstandsgeschichten relevante alltagshistorisch-soziologische Dimension betrifft, so hatte Simon Dubnow schon 1925 gefordert, dass »das jüdische Volk in allen Zeiten und in allen Ländern, immer und überall, [als] ein Subjekt, [ein] Schöpfer seiner Geschichte, nicht nur auf dem geistigen, sondern auch auf dem Gebiete des sozialen Lebens überhaupt«[49] in Betracht zu ziehen sei. Sein »Diasporanationalismus«[50] ermöglichte, so Elisabeth Gallas, »eine geschichtsbewusste, säkularisierte und autonome Form jüdischer kollektiver Zugehörigkeit, die die jiddisch-sprechenden Massen zwischen Baltikum und Schwarzem Meer unter den Herausforderungen der Moderne zu einigen suchte.«[51] Dubnows »Aufruf zur Arbeit am nationalen Gedächtnis«,[52] den er, nach den russischen Pogromen 1881–1884 und 1891 an die in Russland und Polen lebenden Juden[53] gerichtet hatte, und sein programmatischer Appell, dass die Geschichte des Judentums nicht allein als die seiner Rabbiner und Philosophen, sondern vielmehr als die Geschichte des jüdischen Volkes, seiner jiddischen Sprache und Kultur zu schreiben sei, bildeten das intellektuelle Fundament für das YIVO (*Jidischer Wisnschaftlecher Institut*). Es wurde zwischen 1924 und 1925 in drei Zentren jiddischer Bildungs- und Kulturarbeit in Berlin, Wilna und Warschau gegründet, wie Cecile Esther Kuznitz in ihrer brillanten Studie *YIVO and the Making of Modern Jewish Culture* nachgezeichnet hat.[54] Erst 1929 wurde beschlossen, Wilna zum Hauptsitz des YIVO zu machen. Im Oktober 1925 konstituierte sich *Die Gesellschaft der Freunde des Jiddischen Wissenschaftsinstitut*, zur selben Zeit wurde auch in New York die amerikanische Dependance *Amopteyl* (*Amerikaner Opteyl or American Section*) unter der Leitung des Historikers

Yankev (Jacob) Shatzky eröffnet.[55] Mit dem Aufbau der vier Forschungssektionen Philologie, Pädagogik, Ökonomie/Demografie und Geschichte verbanden Nokhem Shtif, Max Weinreich, Zelig Kalmanovitch, Zalman Reisen, Elias Tcherikower und weitere Mitbegründer des YIVO das Konzept einer »Geschichte von unten«. Wegweisend war dabei auch die von Baron Vladimir de Guenzburg geförderte »Ansky-Expedition«, deren Mitglieder von 1912 bis 1914 Städte und Dörfer in Wolhynien und Podolien bereisten, um jüdische Gebräuche, Volkslieder und Volkskunst aufzuzeichnen.[56] Das aus dieser Feldforschung hervorgegangene Jahrbuch *Der pinkes* (1912/13) war die erste wissenschaftliche Publikation in jiddischer Sprache.[57] Jüdische Wissenschaft sei keine historische Disziplin, sondern »ein lebendes, weiterschaffendes Element der Gegenwart«, proklamierte Max Weinreich.[58] Das jüdische Kollektiv, das Volk, sollte selbst zentral an der Archivierung und Erforschung seiner eigenen Geschichte und Kultur mitwirken. Realisiert wurde dies mit einer wachsenden Zahl freiwilliger Helfer, den *Samlers*, die Interviews führten und vielfältiges Material, Dokumente, Daten, Bücher, Poster, Zeitungen, Fotografien, Kinderspiele, Kunst und Dinge der Alltagskultur in ihren jeweiligen Gemeinden zusammentrugen: »Mitglieder in 163 Samlerkrajsn (Sammlergruppen) hatten bereits 1929 mehr als 50.000 Niederschriften von Sprichwörtern, Volkserzählungen und Volksliedern an das YIVO geschickt.«[59] Die Ökonomische Abteilung des YIVO untersuchte wiederum die »Wirkungen des Krieges und der Nachkriegszeit auf das jüdische Leben, insbesondere die Umschichtung der jüdischen Bevölkerung in Osteuropa«. Die Historische Abteilung beschäftigte sich mit den »wirtschaftlichen, politischen und ideologischen Faktoren der jüdischen Emanzipation«,[60] auch mit der zeitgenössischen jüdischen Arbeiterbewegung, wie dem 1889 in Wilna gegründeten *Bund* (*Algemeyner Yidisher Arbeyter-*

bund in Poylin, Lite un Rusland), der sich für »die jüdisch-nationale Gleichberechtigung in der Diaspora«[61] engagierte. 1926 regte der Historiker Emanuel Ringelblum die Einrichtung einer Historischen Kommission des YIVO in Warschau an, um mithilfe von nicht-professionellen Interviewern und professionell ausgearbeiteten Fragebögen das Alltagsleben der polnischen Juden zu erforschen, wie Kuznitz berichtet.[62] Neben der Rekrutierung von *Samlers*, die rund 300 Protokollbücher jüdischer Gemeinden zusammentrugen, gaben die Warschauer Wissenschaftler die beiden Zeitschriften *Yunger historiker* und *Bieter far geshikhte* heraus.[63]

Am 19. September 1939 besetzte die Rote Armee Wilna. Das YIVO wurde als Institut für jüdische Kultur Teil der Wissenschaftlichen Akademie der Sowjetisch-Sozialistischen Republik Litauen, bevor es nach der Besetzung Wilnas am 24. Juni 1941 durch die deutsche Wehrmacht im März 1942 für das sogenannte »Institut zur Erforschung der Judenfrage« in Frankfurt geplündert wurde. Der »Einsatzstab Reichsleiter Rosenberg« ordnete an, dass jüdische Mitarbeiter des YIVO, darunter der Bibliothekar Herman Kruk, jüdisches Kulturgut und jüdische Buchbestände zur Zerstörung aussortieren sollten. Die sogenannten »Papierbrigaden« gingen nach Einschätzung Kutznitz' ein hohes Risiko ein, um seltene Bücher, Briefe, Manuskripte und Zeichnungen aus den YIVO-Beständen ins Wilnaer Ghetto zu schmuggeln und vor der Zerstörung zu bewahren.[64] Die Rettung von Leben und von Büchern, die Dokumentation der deutschen Vernichtung der europäischen Juden, nicht zuletzt die Aufzeichnung des jüdischen Lebens in den Ghettos, wurde zu einer zentralen Aufgabe: »Ob im Wilnaer oder Warschauer Getto, in Todeslagern oder Lagern, wurden die überlieferten Worte des 1941 in Riga ermordeten Historikers Simon Dubnows *shrayb un forshraybt* [Schreibt alles auf!] zum Imperativ«.[65]

Der heimliche und lebensgefährliche Akt des Schreibens, des Erinnerns als Wahrnehmens des Rechts auf die eigene Geschichte sowie des Bezeugens[66] und Dokumentierens der Verbrechen des NS-Regimes waren eminente Widerstandsakte und evozierten nicht selten eine eigene Überlebenskraft in einer Welt organisierter rassistischer Gewalt und Vernichtung. Der Prager Journalist Oskar Singer hielt im Frühjahr 1944 mit Blick auf das im November 1940 im Ghetto Litzmannstadt gegründete jüdische Archiv fest, dass dort »in aller Stille Material für eine künftige Schilderung (Geschichte) des Ghettos« gesammelt und »selbst entsprechende Aufzeichnungen«[67] gemacht würden. Im Rückblick auf die Anfangszeit der deutschen Besatzung von Warschau und der Terrorisierung der jüdischen Zivilbevölkerung notierte Emanuel Ringelblum im Januar 1943 in sein Tagebuch:

> Alle schrieben: Journalisten, Literaten, Lehrer, die politisch Aktiven, die Jugend, sogar die Kinder. Die Mehrheit schrieb Tagebücher, in denen sie die tragischen Ereignisse durch das Prisma des eigenen Überlebens ausleuchteten. Es wurde viel geschrieben, aber die überwältigende Mehrzahl [der Texte] wurde in der Zeit der Aussiedlung gemeinsam mit den Warschauer Juden vernichtet. Es blieb nur das Material, das im A[rchiv] des G[ettos] aufbewahrt wurde.[68]

Es war eine immense Herausforderung, von der akuten tödlichen Bedrohung, der man selbst mit seinen Nächsten hautnah ausgesetzt war, Tag für Tag ein klares Zeugnis abzugeben. Die jüdische Geschichtsschreibung des Holocaust begann in exakt der Gegenwart, in der die deutsche Enteignungs-, Ghettoisierungs-, Verfolgungs- und Vernichtungspolitik der europäischen Juden stattfand und exekutiert wurde, multiperspektivisch, in verschiedenen alltagshistorischen, subjektiven und objektivierenden Schreib- und Repräsentationsformen,[69] mit äußerster Dringlichkeit, Disziplin, Selbstaufopferung, in Zuständen des Hungers, der chronischen Auszehrung und Todesangst. Wie kann man schreiben und »vor-Augen-führen«,[70] was man erleidet und wogegen man sich wehrt, für wen, für wessen Gegenwart und für welche Zeit danach?

Das bezeugende Schreiben setzte beinahe zeitgleich mit der Ghettoisierung und den Massenmorden ein, die »mit Ankunft des Einsatzkommandos 3 (Filbert)« begannen. »Im September 1941 wurden zwei Ghettos errichtet, von denen eines bis zur Liquidierung der jüdischen Bevölkerung Wilnas im September 1943 bestand.«[71]

Von Herman Kruk stammt die umfassendste Chronik des Wilnaer Ghettos in jiddischer Sprache.[72] Als engagiertes Mitglied des *Bundes* sah er es als seine unabweisbare Aufgabe an, das Leben im Ghetto und den Kampf der Wilnaer Jüdinnen und Juden so detailliert und exakt wie möglich festzuhalten. Fast täglich notierte er seine Beobachtungen und Erfahrungen auf der einzigen Schreibmaschine, die im Ghetto vorhanden war. Er sammelte schriftliche wie mündliche Erzählungen und erschuf mit der Ghettobibliothek, deren Nutzung und Leserschaft er im September 1942 einen eigenen Bericht in jiddischer Sprache widmete,[73] »einen Raum für Aktivitäten, deren Bedeutung«, nach Einschätzung Gudrun Schröters, »vergleichbar ist mit der Gruppe um Emanuel Ringelblum«.[74] »Der Mensch«, so Herman Kruk, »erträgt Hunger, Not und Schmerz, aber nicht die Einsamkeit. Stärker noch als unter normalen Bedingungen, ist er in Notzeiten auf Bücher angewiesen.«[75] Kruk verzeichnete jeweils die Zahl der ausgeliehenen Bücher im Anschluss an akute »Vernichtung und Verwüstung«: »Am 1. Oktober (1941), am Jom-Kippur-Tag, wurden in mehreren ›Schüben‹ etwa 3000 Menschen aus dem Wilnaer Getto verschleppt, und schon am 2. Oktober bildeten sich vor der Bibliothek lange Warteschlangen.«[76]

Im Warschauer Ghetto hatte die von dem Historiker Emanuel Ringelblum geleitete Gruppe des *Oyneg Shabes*, »Freude am Sabbat«, wie der Tarnname lautete (die Mitglieder der Gruppe trafen sich samstags), seit dem Sommer 1940 ein geheimes Untergrundarchiv angelegt, um das jüdische Leben, in seiner Widerständigkeit und erzwungenen Kooperation mit den Deutschen, für die Nachwelt zu dokumentieren. Sie taten dies im soziologischen und alltagsgeschichtlichen Geist des YIVO. Darunter waren Untersuchungen über das Leben und Leiden der Kinder, den täglichen Hunger, Reportagen zu den über 100 Hauskomitees, dem allgegenwärtigen Sterben auf den Straßen des Ghettos, Tagebücher, statistische Erhebungen zu Typhus und Fleckfiebererkrankungen, Bilder aller Art, Plakate, Familienfotografien, Zeichnungen von Künstlerinnen wie Gela Seksztajn (Gele Seckstein)[77] sowie Abschiedspostkarten und -briefe, die Juden und Jüdinnen »in den Provinzen am Vorabend ihrer Deportation verfasst«[78] und ins Ghetto geschickt hatten. Im Juni 1942 erstellte das *Oyneg Shabes* unter dem Titel *Die Hölle des polnischen Judentums* einen umfangreichen Bericht über die Eskalationsstufen der deutschen Entrechtungs- und Vernichtungspolitik seit 1939. Seit April 1942 brachte das *Oyneg Shabes* die *Miteylungen* heraus, um über die deutsche Deportations- und Vernichtungspolitik zu berichten.[79] In Metallkästen und zwei großen Milchkannen vergraben, konnte ein Teil des Archivs 1946, in den Ruinen des ehemaligen Warschauer Ghettos, unter den Trümmern des Hauses Nowolipki-Straße 68, geborgen werden.[80] Dies war nicht zuletzt das Verdienst zweier Überlebender und Mitarbeiter Ringelblums, des Rechtsanwalts Hersz Wasser und der Schriftstellerin Rokhl

Auerbakh (Rachel Auerbach), die auch einen Essay über die Besucher der von ihr geleiteten Suppenküche in der ul. Leszno 40 verfasst hatte.[81] Am 2. Februar 1942 notierte sie:

> Wir müssen uns endlich selbst eingestehen, dass wir niemanden vor dem Tod bewahren können; wir haben nicht die Mittel dazu. Wir können es nur hinauszögern, es regulieren, aber nicht verhindern. In meiner ganzen [Zeit] in der Suppenküche ist es mir nicht gelungen, auch nur einen Menschen zu retten – keinen![82]

Gesten konkreter Fürsorge und Praktiken des Widerstands galten vor allem dem Schutz und der Lebensrettung der jüdischen Kinder.

> Etwa ein Viertel aller ermordeten Juden Europas waren Kinder. Da Kinder keine Arbeitskräfte waren, die die Deutschen ausbeuten konnten, waren sie vorrangig Opfer des Holocaust. In allen deutschbesetzten Ländern entkamen sie der Ermordung in deutlich geringerem Maße als Erwachsene. In Polen hatten sie besonders schlechte Überlebenschancen. Von fast einer Million jüdischer Kinder im Alter bis zu 14 Jahren gab es am Kriegsende noch etwa 5.000, das war ein halbes Prozent.[83]

1932 hatte Simon Dubnow ein Lehrbuch *Idische geschichte derzejlt far kinder* publiziert, das »in kürzerer Form die lange Geschichte unseres Volkes vorstellt«. Angesichts der »Ereignisse in Deutschland, die die ganze Welt erschüttert haben«, erschien bereits 1934 in Riga eine zweite Auflage mit dem geänderten Untertitel *far schul un hejm*, um »dem jüdischen Kind eine Antwort auf die brennendsten Fragen der Zeit zu geben.«[84] Ringelblum und seine Mitarbeiter dokumentierten gerade auch das alltägliche Leben und Leid der Kinder im Warschauer Ghetto. Darüber hinaus war es ihnen um eine Geschichte des Ghettos *from the childrens' point of view* zu tun. Mit Kindern, die noch nicht schreiben konnten, führten sie Interviews, diejenigen, die schon schreiben konnten, animierten sie dazu, Berichte, Briefe und Schulaufsätze darüber zu verfassen, was es für sie bedeutete, »wenn Krieg war«.[85]

Unmittelbar nachdem die ostpolnischen Gebiete durch die Rote Armee befreit worden waren, gründete eine Gruppe Überlebender im Namen der von den Deutschen ermordeten Juden »Mitte 1944 in Lublin eine Historische Kommission«. Einige unter ihnen hatten direkte Verbindungen zum YIVO und dem Untergrundarchiv *Oyneg Shabes*.[86] Rasch folgte Ende 1944 die Gründung einer Zentralen Jüdischen Historischen Kommission in Warschau (CŻKH) nach dem Vorbild des YIVO in Wilna, unter Vorsitz des Historikers Philip Friedman, mit dem Ziel, »ein Archiv und eine Bibliothek über das Schicksal der polnischen Juden im Zweiten Weltkrieg aufzubauen«[87] sowie das neue Forschungsfeld der »*khurbn*-Forschung: Forschung über die Katasthrophe«[88] zu etablieren. Wie Feliks Tych, Alfons Kenkmann und Elisabeth Kohlhaas in ihren einschlägigen Untersuchungen gezeigt haben, arbeitete in Krakau eine besonders engagierte Niederlassung unter der Leitung von Michał Maksymilian Borwicz und Joseph Wulf. Namentlich Maria Hochburg-Marianska und Noe Grüss hatten sich von Beginn an für Interviews mit überlebenden Kindern als Zeugen der »Katastrophe« eingesetzt.[89] In dem 7300 Interviewprotokolle und Überlebensberichte umfassenden Bestand der Historischen Kommission befinden sich 429 Interviews in vorwiegend polnischer und jiddischer Sprache mit Kindern und Jugendlichen, die zwischen 1944 und 1948 von sozialwissenschaftlich und psychotherapeutisch weitgehend unausgebildeten Mitarbeitern aufgenommen und in Überlebendenberichte übersetzt wurden.[90] Eine Auswahl der von Maria Hochburg-Marianska und Noe Grüss aufgenommenen Berichte erschien 1947 in polnischer Sprache unter dem Titel *Kinder klagen an.*[91] Der von Grüss gemeinsam mit Genia Silkes 1945 entwickelte Fragebogen mit insgesamt 136 Fragen sollte es Lehrern und Pflegeeltern ermöglichen, Kinder und Jugendliche bis zu 16 Jahren in kurzen, aber wiederholten Gesprächen zum Sprechen zu bewegen und sie nach den Auswirkungen der deutschen Besatzung auf ihr eigenes Leben und das ihrer Familie, nach ihrem Alltag in den Ghettos, Lagern und Verstecken zu befragen.[92] Der sozialwissenschaftlich orientierte Leitfaden war von der Absicht getragen, mithilfe der Interviews nicht nur Aufschlüsse über das Ausmaß der nationalsozialistischen Verbrechen, sondern vor allem über die Erfahrungen, das Erleben und die Gefühlswelt der Kinder in den Jahren der Verfolgung zu erhalten. Dabei sollten die Protokolle den »Widerstands- und Überlebenswillen«[93] der Kinder in einer Welt chronischer Unsicherheit bezeugen, in der ihr Leben auf der Flucht, in Wäldern und in Verstecken sowie auf der »arischen Seite« Tag für Tag vom Zufall abhing. Die zwölfjährige Waise Fela Kokotek, die sich nicht erinnern konnte, »wie ihre Mama hieß«, berichtete von der Zeit ihrer Flucht an der Seite ihres Vaters:

> Mein Wanderleben dauerte lange. Ich kann mich nicht mehr erinnern, aber vielleicht ein Jahr lang Ich lebte ständig an einem anderen Ort in wahnsinniger unvorstellbarer Angst. Ich wusste, dass Juden nicht leben durften, aber ich wusste nicht weshalb. Einmal in einem Haus sagte man mir, dass die Juden sich quälen müssen, weil sie schuldig sind. Aber Papa sagte mir, dass das nicht wahr ist.[94]

Die kleine Juneta aus Szawle (heute Litauen) wandte sich in einem hastig niedergeschriebenen Abschiedsbrief ein letztes Mal an ihren Vater:

> Lieber Papa! Ich verabschiede mich von dir, bevor ich in den Tod gehe. Wir würden so gern leben, aber es geht nicht. Man lässt uns nicht. Ich habe solche Angst vor dem Tod; denn kleine Kinder wirft man lebendig ins Grab. Leb wohl für immer. Ich umarme dich ganz lieb. Deine Juneta[95]

Die »heldenhafte Haltung«,[96] die Grüss den Kindern zusprach, wurde aus seiner Sicht mitnichten dadurch geschmälert, dass viele unter ihnen durch Verfolgung, Verlorenheit und Leid traumatisiert waren. Philip Friedman indes kritisierte Grüss' »glorifizierende« und einseitige Einschätzung der, wie er meinte, »verwilderten« Kinder.[97] Dass die eigens nach ihren stärksten Eindrücken, Ängsten, Träumen und Hoffnungen befragten Kinder durch die Situation des Wiedererlebens, des Erinnerns und des Erzählens erneut schwer belastet würden, stand Grüss deutlich vor Augen. »Etliche Gespräche mussten abgebrochen werden, weil die Kinder weinten und zu erschüttert waren, um weiterzusprechen.«[98] Doch Grüss erhoffte sich von einer behutsamen Gesprächssituation eine kathartische Wirkung für die Kinder, die vielfach zum ersten Mal überhaupt ihre eigene Geschichte erzählen konnten, Gehör und Anteilnahme fanden.

Der Fragebogen, der wiederum für die Sammler »ethnografischen Materials« erarbeitet wurde, zielte, so Laura Jockusch, auf die Erhebung und Bewahrung der während der Besatzungszeit unter der jüdischen Bevölkerung entstandenen Alltagskunst und Alltagskultur, auf die Sammlung von Liedern, Gedichten, Reimen, Erzählungen, Flüchen, Sprichwörtern, Witzen, kurz: auf die Sammlung all jener Sprechakte, die, wie der Herausgeber des Fragebogens, der Literaturwissenschaftler Nachman Blumental, betonte, eine »Rache in Worten« und »Rebellion durch bittere Ironie und Flüche«[99] zum Ausdruck und so eine *ordinary* bzw. *everyday language of resistance* zum Vorschein brachten.[100]

Die stellvertretende Direktorin Nella Rost, ebenfalls Literaturwissenschaftlerin, berichtete, dass »tausende von Opfern, die wie durch ein Wunder gerettet worden waren«, die Räume der Historischen Kommission in Krakau aufsuchten,

> alleinstehende Frauen, deren Kinder und Familien vor ihren Augen ermordet worden waren, Männer [...] aus finsteren Todeslagern gerettet, einzelne Menschen aus Wäldern und Bunkern, die Reste der heroischen jüdischen Partisanen, kleine und winzige Kinder von zufälligen oder gut bezahlten Betreuern begleitet, und ältere Kinder, die es geschafft hatten, sich auf unglaubliche Weise durch ihren eigenen Erfindungsgeist zu retten.[101]

Mit sich führten sie Alltagsgegenstände, Zeugnisse der rassistischen Vernichtungspolitik einerseits, dingliche Verkörperungen jüdischen Lebens und jüdischer Kultur andererseits:

> ein Holzgefäß für die Suppe im Lager Stutthof, Schuhe mit Strähnen von Frauenhaar verziert [und] eine Sohle aus dem Pergament eines heiligen jüdischen Buches mit den hebräischen Wörtern der jüdischen Liturgie, Seifenstücke hergestellt von einer Firma in Danzig aus Menschenfett mit der Aufschrift R.I.F. (Rein jüdisches Fett), ein Brief über einen Transport, aus welchem hervorgeht, dass einmal in Brünlitz, Tschechoslowakei, ein verplompter Eisenbahnwagon eintraf, der für lange Zeit

> nicht geöffnet worden war und als er aufgeschweißt wurde, fielen einige Dutzend Leichen heraus und der Rest der Menschen war beinahe tot. [...] Und Bücher über Religion, [...] und Stapel von Fotografien, welche die Deutschen zumeist selbst aufgenommen hatten.[102]

Laura Jockusch, der ich die Zitate von Nella Rost und Nachman Blumental in deutscher Übersetzung verdanke, stellt heraus, dass es der Historischen Kommission mit dem Nachweis der »Vielfalt der Reaktionen« wie »kulturelles Leben, Selbsthilfe, bewaffneter Kampf« nicht zuletzt um die Widerlegung des in der polnischen Gesellschaft verbreiteten Vorurteils zu tun gewesen sei, die jüdische Bevölkerung habe sich nicht am Kampf gegen die deutschen Besatzer beteiligt.[103] Die Sammel- und Dokumentationsarbeit der jüdischen Überlebenden, die die Holocaustforschung *sui generis* begründete, war an der Sichtbarmachung einer Mikrophysik niedrigschwelliger Widerstände und erfinderischer Überlebenskünste orientiert. Ohne das Ausmaß der verbrecherischen deutschen Gewalt zu verharmlosen, stellte sich die einzelne, im Interview, in der Erzählung und durch die Aufzeichnung geborgene Überlebendengeschichte gegen die Vernichtung der europäischen Juden und unterlief durch sich selbst deren absoluten »Erfolg«. Philip Friedman stellte im Oktober 1947 fest, dass der »übriggebliebene«, der »gerettete Rest«, die *She'erit Hapletah*, in ganz Europa »aus einem inneren unwiderstehlichen Drang« heraus damit beschäftigt sei, die Geschichte des *khurbn* im Namen der Ermordeten aufzuzeichen[104] und die dafür entscheidenden Quellen selbst zu generieren.

Birgitt Wagner hat auf eine frühe Tagung zur Holocaust-Forschung hingewiesen, die von der New Yorker Zeitschrift *Jewish Social Studies* aus Anlass ihres zehnjährigen Bestehens unter dem Titel *Problems of Research in the*

Study of the Jewish Catastrophe, 1939–1945, 1949 in New York ausgerichtet wurde. Die Teilnehmenden – u a. traten Philip Friedman, Joshua Starr, Solomon Bloom, Hannah Arendt, Herbert Wechsler und Samuel Gringauz als Vortragende auf, während Zosa Szajkowski, Paul N. Neurath und Max Weinreich als Kommentatoren involviert waren. Vor allem Samuel Gringauz und Solomon Bloom[105] hatten mit ihren soziologischen Analysen der Ghettos dazu angeregt, die Leiden und das Handeln von Juden gleichermaßen in den Blick zu nehmen und insbesondere die Organisation des täglichen und gesellschaftlichen Lebens zu untersuchen: »From the sociological point of view the Ghetto was a unique social experience. […] The Ghetto of the great catastrophe is the only instance of a full-fledged Jewish community outside the state of Israel.«[106]

Diese bemerkenswerte Einschätzung erläuterte Samuel Gringauz, Nationalökonom und Jurist, Überlebender des Ghettos Kaunas und des Konzentrationslagers Dachau sowie gewählter Vertreter der jüdischen *Displaced Persons* in der amerikanischen Besatzungszone in Deutschland, mit konkreten soziologischen Vorschlägen für die Untersuchung erfolgreicher, gescheiterter und ausbleibender Widerstandsformate. Exemplarisch machte er dafür die Bildung sozialer und politischer Gruppen verantwortlich, die die Frage der Befehlsverweigerung bzw. der Kooperation, gerade in ihrem Verhältnis zur jüdischen Führung, zur jüdischen Polizei und zur Politik der »Judenräte«, jeweils unterschiedlich bewertet hätten.[107] Samuel Gringauz stand mit seinen methodischen Vorschlägen zu einer genuin soziologischen Ghetto- und Widerstandsforschung nicht allein. Die Herausgeber und Beiträger der *Jewish Social Studies* hatten ihr Augenmerk seit 1939 ebenfalls auf die alltagsgeschichtlich-soziologische Untersuchung des Holocaust gerichtet, desgleichen das YIVO. Nach der Plünderung und

Zerstörung durch die Deutschen emigrierte es 1940 von Wilna nach New York, um sich unter der Leitung von Max Weinreich und weiteren Überlebenden der Erinnerung an die jüdische Kultur und Existenz in Osteuropa, der Erforschung der NS-Vernichtungspolitik, der jüdischen Alltags- und Widerstandsgeschichte und zumal der Sammlung von Augenzeugenberichten zu widmen: »At the end of the war, YIVO became the pioneer of Holocaust studies *avant la lettre*, immediately recruiting *zamlers* to collect survivors' testimonies and documents from displaced persons camps«, allein an 500 Orten in Europa, und konnte so das in dieser Zeit weltweit größte Holocaust-Archiv aufbauen.[108] Später kollaborierte das YIVO mit »Israel's Yad Vashem Martyrs' and Heroes' Memorial Authority to produce 15 volumes of Holocaust bibliographies (1960–1978).«[109]

Wie Elisabeth Gallas in einem eindrücklichen Forschungsüberblick gezeigt hat, sind diese und viele weitere jüdische Initiativen der frühen Widerstands- und Holocaust-Forschung, deren Texte zunächst in jiddischer, hebräischer, polnischer und nach 1945 zunehmend in englischer Sprache verfasst wurden, sowie deren Schreib- und Repräsentationsformen erst in jüngerer Zeit wieder stärker in den Blick gerückt.[110] Gallas verweist u. a. auf den von Jacob Robinson und Philip Friedman 1960 edierten *Guide To Jewish History Under Nazi Impact*.[111] Allein für die 1940er und 1950er Jahre sind darin mehrere tausend Publikationen von jüdischen Historikern, Überlebenden und Augenzeugen angeführt.[112] In ihrer Einleitung betonten sie:

> The Jews under Nazi domination were separated from their kin. ›The world closed around them‹. Left to themselves, they struggled much more than people elsewhere believed they did. It was a peculiar kind of struggle, a hopeless and permanent one for the preservation of the

> human image. It was a drama in which millions participated, in which each moment in the lives of the persecuted, humiliated and condemned to death was saturated with action.[113]

Diese hier nur angedeutete frühe soziologische Holocaust-Forschung, die *khurbn*-Literatur[114] und die verkreuzte Gewalt- und Widerstandsforschung *avant la lettre*, gerieten in den Hintergrund. Die Gründe dafür waren vielschichtig: Lange hielt sich der »Mythos des Schweigens«[115] einerseits, der des Fehlens jüdischen Widerstands andererseits. Letzterer wohl auch Folge eines zu hoch angesetzten, politischen Widerstandsbegriffs, befördert durch umstrittene Äußerungen Hannah Arendts. 1948 hatte Arendt in ihrem Artikel *Konzentrationsläger*, bereits hier unter totalitarimustheoretischen Gesichtspunkten, bestritten, dass es überhaupt nennenswerten jüdischen Widerstand gegeben habe.[116] »Widerstandslos« hätten sich »Millionen von Menschen [...] in den Gastod [...] abkommandieren lassen«. Es habe »kaum ernsthafte Revolten gegeben«, und »selbst im Moment der Befreiung« sei es »kaum zu irgendwelchen spontanen Metzeleien der SS gekommen.«[117] »Aller effektiver Widerstand gegen die Nazis hatte gegen 1936 aufgehört«[118], so ihr Diktum. Gewiss hat Hannah Arendt vom Warschauer Ghetto-Aufstand vom 19. April bis zum 16. Mai 1943 Kenntnis gehabt. Hat sie 1948 jedoch vom Aufstand des »Sonderkommandos« in Auschwitz-Birkenau am 7. Oktober 1944 gewusst und von den Häftlingsaufständen im Juni 1943 in den Ghettos von Lemberg, Tschenstochau (Juni 1943), in Będzin (3. August 1943) und in Białystok (August 1943) sowie in den Vernichtungslagern Treblinka (August 1943) und Sobibór (Oktober 1943)? Allerdings wollte auch der bedeutende Holocaust-Forscher Raul Hilberg, dessen Hauptwerk erst 1982 in deutscher Sprache publiziert wurde, kaum

Möglichkeiten für jüdischen Widerstand gegen das NS-Regime gesehen haben.[119] Dagegen betont Yehuda Bauer:

> Der bewaffnete Widerstand war nicht nur umfangreicher, als man gewöhnlich annimmt, sondern er war auch von großer symbolischer Bedeutung. Man muß jedoch daran erinnern, daß er erst begann, als die Juden realisierten, daß es keine Alternative gab, daß die Nazis planten, alle Juden umzubringen.[120]

Zum jüdischen Widerstand gehörte gleichermaßen der Widerstand des bezeugenden Schreibens und der Dokumentation der deutschen Vernichtungsgewalt, ein Widerstand, der jedoch zur »Deckerinnerung«[121] geraten und der Erfindung des »Mythos des Schweigens« Vorschub leisten sollte. Hasia R. Diner macht dafür in durchaus provokanter Weise die »jüdischen Aktivisten« der amerikanischen *Counter-Culture* der 1960er Jahre verantwortlich, die für sich reklamiert hätten, den beschwiegenen Holocaust erst eigentlich »entdeckt« zu haben, unter Missachtung nämlich der jüdischen Toten- und Gedenkbücher, der frühen jüdischen Erinnerungsarbeit und akuten widerständigen Dokumentation und Geschichtsschreibung des Holocaust, einschließlich der Monografien zu den großen Ghettos aus den 1940er und 1950er Jahren, ohne die der »Boom« der Holocaust-Forschung seit den 1970er Jahren nicht denkbar gewesen wäre, wie sie unterstreicht.[122]

Dieser Vorwurf jedoch betrifft vor allem »die deutsche Zeitgeschichtswissenschaft bei der Behandlung des Holocaust-Themas«, wie Martin Broszat unter dem Eindruck der Ausstrahlung der vierteiligen Serie *Holocaust – Die Geschichte der Familie Weiss* von Marvin J. Chomsky 1979 im westdeutschen Fernsehen, allerdings in einem anders gerichteten Sinne und höchst despektierlich, hervorhebt.[123]

In seinem Artikel *Holocaust und die Geschichtswissenschaft* weist er darauf hin, dass

> [d]ie Geschichte der jüdischen Katastrophe im Zweiten Weltkrieg [...] zunächst und vor allem *jüdische* Geschichte und Erinnerung gewesen [war]. Diese trat anfangs, vor allem in den Jahren 1945–1948, auch in der Form einer breiten, spontan entstandenen jüdischen Erinnerungs-›Trivialliteratur‹ hervor, rasch und oft unbeholfen in *Displaced-Persons-Camp*s von Überlebenden der Katastrophe niedergeschrieben.[124]

Er verweist auf die »*khurbn*-Literatur«,[125] die in derselben Zeit entstanden ist, wie »viele Tausende unveröffentlicht gebliebene jüdische Erlebnis- und Augenzeugenberichte«, auf Tagebücher wie das der sechzehnjährigen Mary Berg, geschrieben im Warschauer Ghetto,[126] nicht zuletzt auf das YIVO, seine großen Akten- und Materialbestände aus polnischen und litauischen Ghettos, sowie auf die wichtigen Primärquellen des Ringelblum-Archivs, nicht jedoch auf die Holocaust- und Widerstandsforschung des YIVO.[127] An der auch im bundesdeutschen Fernsehen ausgestrahlten Holocaust-Serie monierte er insbesondere den Folklorismus, mit dem der Warschauer Ghetto-Aufstand und »die jüdischen Partisanentätigkeit in der Ukraine weit über das Maß der nur minimalen jüdischen Widerstands-Aktivitäten hinaus in Szene gesetzt [sind], so proportioniert, wie junge Israelis sich wahrscheinlich wünschen, daß es gewesen sein möge.«[128] In Einlassungen wie diesen, in denen Widerstand an Erfolgskriterien gemessen wird, verrät sich eine Tendenz, in den europäischen Juden und Jüdinnen nur Opfer, nicht zugleich politische Subjekte sehen zu wollen, die NS-Vernichtungspolitik demgegenüber für restlos zu erklären.[129]

Anders argumentierte der israelische Historiker Yehuda Bauer, der sowohl bewaffnete als auch unbewaffnete Formen jüdischen Widerstands untersucht hat. Letztere bezeichnete er in hebräischer Sprache als »amida« – »aufrecht stehen«, »standhalten«, »sich gegen jemanden erheben«.[130] Er nahm die sozialen, religiösen, kulturellen und politischen Widerstandspraktiken in den Blick, mit denen jüdische Menschen in den Ghettos durch den verbotenen Aufbau von Schulen, Kindergärten, Waisenhäusern, Krankenhäusern, durch Beschaffung von Nahrungsmitteln, Kleidung, Medikamenten, durch die Veranstaltung von Konzerten, Theateraufführungen, Gedenkabenden für die von der SS Ermordeten der deutschen Vernichtungs- und Verfolgungspolitik begegneten. »Amida« zielte auf die »›Heiligung des Lebens«, auf die Bewahrung jüdischer Kultur und Würde, die Aufrechterhaltung einer elementaren Moral »in einer völlig unmoralischen Welt«.[131] »*Das* Leben heiligen‹. Dies bedeutete, daß alles dafür getan werden mußte, jüdisches Leben zu retten. Jüdisches Leben, dies wollte der Feind nehmen. Es folgten vielfältige Reaktionen, nicht alle organisiert, einige spontan.«[132]

In seiner Holocaust-Studie von 1968 entwickelte Martin Gilbert ein noch radikaleres Verständnis jüdischen Widerstands gegen die deutsche Vernichtung der europäischen Juden. Er fasste nicht nur alles das als Widerstand, was Überleben in den Vernichtungslagern und Ghettos überhaupt ermöglichte, sondern gerade auch das Überleben selbst: »Thus, simply to survive was a victory of the human spirit.«[133] Zu überleben war »eine Form des Widerstandes«,[134] wie Ágnes Rózsa 1945 in ihrem Tagebuch festhielt.

Am 6.3.1964, dem 24. Verhandlungstag des ersten Frankfurter Auschwitz-Prozesses, vermittelte Hermann Langbein dem Gericht eine Vorstellung von den Möglichkeiten des »Rettungswiderstandes«[135] im Konzentrations- und Vernichtungslager Auschwitz:

> Der Hauptwiderstand in Auschwitz war natürlicherweise der, Leben zu retten. Denn die Haupttätigkeit der SS war, Leben zu vernichten. Begonnen hat es in sehr kleinem Maßstab. Es hat begonnen damit, daß man versucht hat, Essen zu »organisieren«. Es hat begonnen damit, daß man versucht hat, Häftlinge auszutauschen mit Leichen. Das ist die Ursache gewesen, weshalb dann Häftlingsnummern tätowiert wurden: In Einzelfällen – in sehr wenigen Einzelfällen war das nur möglich – konnte man jemanden, von dem man annahm, daß er besonders gefährdet war von draußen, mit einem Toten auswechseln, konnte ihm die Nummer des Toten geben und ihn als tot abschreiben, so daß er für die Politische Abteilung gestorben war und daher nicht mehr verfolgt werden konnte.[136]

Unter dem Eindruck rassistischer Vernichtungsgewalt und Thanatopolitik zählten ausnahmslos alle Praktiken, mochten sie auch noch so flach, unvermögend und aisthetisch erscheinen wie die Bewahrung des Schlafes und die Aufrechterhaltung der eigenen Traumbildlichkeit[137], zum Überlebenswiderstand in Gestalt des Sich-Entziehens, des Verschwindens und des Entfliehens. »Man nahm dem Gefangenen alles […], er behielt den Traum, der Wirklichkeit wurde«.[138] Einige der Häftlinge des Konzentrationslagers Mauthausen, die »ihre nächtlichen Eindrücke einander schon in aller Frühe mitteilten« und so eine »Gemeinschaft der hartnäckigen Träumer«[139] bildeten, konnten, Jean Cayrol zufolge, durch »diese Fähigkeit der Verdoppelung« überhaupt nur »überleben«.[140]

V.
Aisthetischer Widerstand

In seinen Studien über Interaktionsrituale richtet Erving Goffman sein Augenmerk auf die soziale Organisation von Ansprüchen und Anrechten der Person im öffentlichen Raum, die er mit verschiedenen Arten von »persönlichen Räumen« und »Territorien« verschränkt. Manche sind geografisch festgelegt und wie der Besitz von Haus und Hof durch Gesetze geschützt, andere wiederum, wie Tische im Restaurant oder Bänke im Park, kommen dem Anspruchserhebenden nur befristet als »Benutzungsraum« zu.[1] Diejenigen, die den unmittelbaren »persönlichen Raum« betreffen, bezeichnet Goffman als »Reservate des Selbst«. Dazu zählt er insbesondere »die Hülle: die Haut, die den Körper schützt, und in geringem Abstand davon, die Kleider, die die Haut bedecken«.[2] Diese körperlich-leiblichen Konfigurationen des Selbst sind mit einer Reihe von Gegenständen verbunden, »die als mit dem Selbst [beinahe] identisch betrachtet werden«, so etwa das benutzte Trinkglas oder die getragenen Handschuhe,[3] auf denen es seine Spuren hinterlassen hat. Geschützt und bewahrt werden diese persönlichen Räume und Reservate durch Interaktionsrituale der Achtung, der taktvollen Distanz und der höflichen Reihenfolge. Zweifellos entscheidet die wechselseitige Achtung persönlicher Räume über die konkrete Integrität und Würde des Selbst. Der Schutz fragiler »Hautlichkeit«[4] ist eine eminente soziale Aufgabe und ermöglicht überhaupt erst Auftritts-, Erscheinungs- und Freiheitsspielräume des Selbst.

Gewalt- und Machträume, »totale Institutionen«, als welche Erving Goffman geschlossene psychiatrische Anstalten, Gefängnisse und Konzentrationslager bezeichnet hat,[5] sind hingegen dadurch charakterisiert, dass die Wechselseitigkeit solcher Interaktionsrituale der Achtung keine Gültigkeit hat, entrechteten Menschen der Anspruch auf »Reservate des Selbst« organisationsförmig streitig gemacht wird. Gewalt reicht unter die Haut, in das Fleisch, in die Intimsphäre, in den Schlaf, in die Träume und in die bloße Atmung hinein, sie zielt auf die »Zermenschlichung«[6] des Selbst in einer unbestimmten Zone zwischen Leben und Tod. Der Rückzug in innere »Reservate« und verborgene »Territorien« kann Zeichen, Bilder und Affekte gegen die Zerstörung menschlicher Gemeinschaft und Selbstzugehörigkeit mobilisieren. Aisthetischer Widerstand ist durch »erfindsame«[7] Insistenz- und Resistenzformen gemeinsamen Entzugs und singulären Rückzugs charakterisiert. Lagerträume können mitunter poröse Festungen umreißen: »Der Träumer bindet sich an seine Träume, um nicht abgetrieben zu werden«, so Jean-Bertrand Pontalis, der den Traum, genauer gesagt das Träumen, das *in actu* unteilbar ist, bemerkenswerter Weise als ein »Territorium« absteckt, in welches sich der Träumer begibt, um »sich seiner Zugehörigkeit zu versichern«.[8]

Kein anderes Werk Sigmund Freuds lässt sich wohl so deutlich unter politischen Gesichtspunkten lesen und explizieren wie *Die Traumdeutung*. Sie birgt in sich selbst eine politische Konzeption des Traums als eines aisthetischen Reservats und einer »minoritären Form«, bei der es auf raffinierte Weise darum geht, »das Unterdrückte in der Sprache dem Unterdrückenden in der Sprache entgegen[zu]stellen«, respektive darum, »von der eigenen Sprache kleinen, minderen oder intensiven Gebrauch [zu] machen«, und zwar im Verhältnis zum herrschenden Idiom, zur Befehls- und Verbotssprache.[9] Der Traum, sagt Sigmund Freud, ist der »Hüter des Schlafes«,[10] zumindest solange er sich darauf versteht, die Traumfunktion aufrechtzuerhalten und einen erfüllten Wunsch zur Darstellung zu bringen.[11] Das geschieht freilich nur selten auf direktem Wege, wie die verworrenen und lückenhaft entstellten, eigentümlich vertrauten und zugleich unheimlichen Gestalten der im Wachen erinnerten und in den Tag hineinragenden Traumfetzen zeigen. Im Traum, soviel ist gewiss, herrscht keine uneingeschränkte Wunsch- und Meinungsfreiheit. Gegenüber der machtvoll verbietenden Ich-Instanz, von der Abwehr, Verdrängung und das Einschwärzen kompromittierender »Worte, [...] Satzstücke und Sätze«[12] ausgeht, können sich die Wünsche der Träumerin und des Träumers, obgleich im Schlafzustand die Wachsamkeit und Kontrolle des Bewusstseins erheblich geschwächt ist, nur in kompromittierter Weise *als* erfüllte Wünsche zu erkennen geben.

> In ähnlicher Lage befindet sich der politische Schriftsteller, der den Machthabern unangenehme Wahrheiten zu sagen hat. Wenn er sie unverhohlen sagt, wird der Machthaber seine Äußerung unterdrücken, wenn es sich um mündliche Äußerung handelt, präventiv, wenn sie auf dem Wege des Drucks kundgegeben werden soll. Der Schriftsteller hat die Zensur zu fürchten, er ermäßigt und entstellt darum den Ausdruck seiner Meinung. [...] Je strenger die Zensur waltet, [der Schriftsteller gar um Leib und Leben fürchten muss,] desto weitgehender wird die Verkleidung, desto witziger oft die Mittel, welche den Leser doch auf die Spur der eigentlichen Bedeutung leiten.[13]

Im psychischen System der Unfreiheit ist das Wünschen eine innenpolitisch heikle Angelegenheit, die eine singuläre Poetik und Visualität des Träumers freisetzt. Wenn es dem

Traum mit dem ihm eigenen Verfahren der Verdichtung, der Verschiebung, der Rücksicht auf Darstellbarkeit und der sekundären Bearbeitung gelingt, einen stilistischen Kompromiss zwischen den beiden konfligierenden Kräften, der Ich-Abwehr und dem Begehren, zu schließen, die Traumzensur aufs Glatteis zu führen oder zu befrieden, dann findet, zumindest aus der Perspektive des unbewussten Wunsches, eine kleine Wunsch-Revolte statt. Auch wenn sie nicht zum Sturz des gesamten Verbotssystems führt, sie kein offensives Aus- und Wahrsprechen des eigenen Begehrens im Angesicht des inneren Machthabers zur Folge hat, kann der Traumwunsch doch jedes Mal einen minoritären Sieg davontragen und *en passant* den Schlaf des Träumers hüten. So abgesichert und bewacht, lässt sich sogar von echten Revolutionen träumen. Freud führt uns an die Analyse eines mehrschichtigen »revolutionären Traums« heran, der den Träumer Freud in das »Revolutionsjahr 1848 versetzt« und u. a. auf die Szene einer Verschwörung führt, die der Fünfzehnjährige seinerzeit mit einigen Mitschülern »gegen einen mißliebigen und ignoranten Lehrer [...] angezettelt hatte«,[14] der sich aufgeführt haben soll wie Heinrich VIII. von England. Freud suchte durch die Analyse seines eigenen Traums plastisch greifbar zu machen, dass die dargestellte Wunscherfüllung weitere verdecken kann und so fort, »bis man zu unterst auf die Erfüllung eines Wunsches aus der ersten Kindheit stößt«.[15] Wie jeder weiß, arbeitet die Wunschmaschine des Traums jedoch keineswegs verlässlich, sondern vermag die »entsetzlichste aller Unlustempfindungen«[16] »in der Form der Angst« wachzurufen. Dann rüttelt, so Freud,

> die versuchte Wunscherfüllung am Vorbewußten so intensiv [...], daß dies seine Ruhe nicht mehr bewahren kann. [...] der Traum hat das Kompromiß gebrochen, das andere Stück seiner Arbeit nicht mehr erfüllt.

Er wird dann sofort abgebrochen und durch das volle Erwachen ersetzt.[17]

So geschieht es etwa in dem von Freud berichteten Traum von Louis-Ferdinand-Alfred Maury, der zur Zeit der Schreckensherrschaft der Französischen Revolution spielt. Der Träumer nimmt im Beisein von Robespierre, Marat und Fouquier-Tinville an Gräueltaten teil, wird aber schließlich selbst auf das Schafott geführt: »das Messer der Guillotine fällt herab; er fühlt wie sein Haupt vom Rumpf getrennt wird, wacht in der entsetzlichsten Angst auf – und findet, dass der Bettaufsatz herabgefallen war und seine Halswirbel, wirklich ähnlich wie das Messer der Guillotine, getroffen hatte.«[18]

Der Angriff auf den Schlaf geht in diesem Revolutions- und »Wecktraum« von außen und innen gleichermaßen aus und zeigt die außerordentliche Fähigkeit des Traums, der Realität sowohl handgreiflich wie auch in Form von »Tagesresten« Eingang zu verschaffen. Zweifellos können reale Revolutionen, vergangene und gegenwärtige, ebenso wie akute politische Ereignisse, Umwälzungen und Machtergreifungen, das mit halluzinatorischer Sichtbarkeit besetzte Material für eigene Wunsch- respektive Angstproduktionen bilden.

Träume ziehen »Fluchtlinien«[19] aus einer unwirtlichen, bedrohlich erscheinenden Realität und bieten Stoff für politische Umarbeitungen, kühne Identifizierungen und »minoritäre« Sprechweisen im Verhältnis zu herrschenden Gewaltidiomen.[20] Das zeigen die verstreuten Bemerkungen Freuds zu den »antisemitischen Herausforderungen«, denen er seit seiner Jugend in Wien und um die Jahrhundertwende auf seinen Eisenbahnreisen quer durch Europa selbst entgegenzutreten hatte. »Hannibal und Rom symbolisierten dem Jüngling den Gegensatz zwischen der Zähigkeit des Judentums und der Organisation der katholischen Kirche.«

Der in seinem Traumleben vielfach ausgearbeitete Wunsch, Rom zu sehen, erschien ihm als Deckmantel und Symbol für »heiß ersehnte Wünsche«, zumal dem, selbst Punier zu sein. Träumend wünschte sich Freud, den antisemitischen Anfeindungen, die dem Erfolg der Psychoanalyse und der Erfüllung seiner wissenschaftlichen Ambitionen entgegenstanden,[21] wie der »semitische« Anführer Hannibal zu begegnen und siegreich in Rom einzuziehen, kurz: mit kämpferischer Kraft erfolgreich »Stellung zu nehmen« gegen die »antisemitische Bewegung«.[22] Träumen gelingt es, politische Kraftfelder und Widerstandsquellen zu bilden, die die *vita activa* des Wachzustandes bewaffnen können. Mit diesem vorausblickenden Wissen um die Widerständigkeit von Traumbildern gegen die Zerstörung menschlicher Erfahrung[23] bildete Freud mit vielen anderen zeitgenössischen Träumern eine verstreute nächtliche Gemeinschaft: So schrieb Walter Benjamin am 3. März 1934 aus Paris an Gershom Scholem in Palästina, nachdem er sich als jüdischer Marxist vier Wochen nach der »Machtergreifung« gezwungen sah, Berlin zu verlassen, um fortan beinahe mittellos im Exil leben zu müssen: »In dieser Zeit, die tagsüber meine Phantasie mit den entwürdigendsten Problemen beschäftigt, erlebe ich nachts, öfter und öfter, ihre Emanzipation in Träumen, die fast immer einen politischen Gegenstand haben.«[24]

Die von Freud auf 1900 vordatierte *Traumdeutung* sollte ein Epochenwerk der psychoanalytischen Vernunft darstellen und eine Schwelle ins 20. Jahrhundert bilden. Doch die Realität rassistischer Vernichtungsgewalt überstieg bald die Summe all jener Angst- und Alpträume, die im »Dritten Reich« überhaupt je geträumt worden sind.[25]

Nach dem Einmarsch der deutschen Truppen unter dem Jubel der Wiener Bevölkerung – Widerstand fehlte fast völlig – und dem »Anschluss« Österreichs an das Deutsche Reich, wurde die Situation auch für Freud und seine

Familie lebensbedrohlich. Gegen Zahlung der sogenannten »Reichsfluchtsteuer« in Höhe von 31.329 Reichsmark und dank der Interventionen Marie Bonapartes und Ernest Jones gelang es der Familie Freud, in letzter Minute aus Wien zu fliehen. Am 15. März 1938 kamen SA-Männer in das Haus in der Berggasse 19, um Freuds Kunstsammlungen zu beschlagnahmen. Seine Frau Martha konnte die SA-Diebe kurzfristig mit 6000 Schilling beschwichtigen. Am selben Tag drangen bewaffnete SA-Männer in das Verlagshaus des Internationalen Psychoanalytischen Verlags ein und zwangen den Sohn Martin, den Safe zu öffnen, um dessen Inhalt zu stehlen. Tochter Anna wurde am 22. März 24 Stunden lang von der Gestapo verhört. Sie kam nur frei, weil sich der amerikanische Botschaftssekretär einschaltete. Freud hatte in sein Tagebuch, die *Kürzeste Chronik*, notiert:[26]

> März 1938
> Mi 9/3 Schuschnigg in Innsbruck
> Do 10/3 Wiley vom amerik. Gesandtschaft
> Fr 11/3 […] Abdankung Schuschnigg
> Finis Austriae
> So 13/3 Anschluss an Deutschland
> Mo 14/3 Hitler in Wien
> Di 15/3 Kontrole in Verlag und Haus
> Mi 16/3 Jones
> Do 17/3 Prinzessin
> Di 22/3 Anna bei Gestapo
> Mo 28/3 Aufnahme in England gesichert
> Ernstl in Paris – Ausreise scheint ermöglicht[27]

Am 6. Juni 1938 traf die Familie in der Londoner Victoria Station ein.[28] Ein gutes Jahr später, am 21. September 1939, ließ sich Freud von seinem Leibarzt Max Schur nach langer Krebserkrankung drei Morphiuminjektionen geben. »Freud starb am 23. September um drei Uhr früh im Koma«,[29] es war Jom Kippur, der höchste jüdische Feiertag. Vier von fünf Schwestern Freuds war die Flucht aus Wien nicht gelungen. Rosa, Marie (Mitzi), Adolfine (Dolfi) und Paula wurden 1942 und 1943 in Theresienstadt und in Treblinka ermordet.[30]

Unter dem Eindruck traumatischer Gewalt können Traum und Schlaf in Mitleidenschaft gezogen werden, wie Freud bereits 1920 erkennen musste. Angesichts des »Wiederholungszwangs« hatte Freud in *Jenseits des Lustprinzips* seine exklusive These vom Traum als Wunschdarsteller modifiziert: In ihren Träumen, so seine Beobachtung, kehrten die aus dem Ersten Weltkrieg Heimgekehrten, die sogenannten »Kriegszitterer«, immer wieder in die Situation traumatisierender Gewalt zurück,[31] aus der sie jäh zu erwachen pflegten, in Angstschweiß gebadet.[32] Hier ragt eine Realität in die Träume hinein, die sowohl die Traum- wie auch die Schlaffunktion durch den Zwang zur traumatischen Wiederholung erschüttert. »Wir können nur, wofür wir nichts können.«[33] Schlafen und Träumen sind »Schwellenerfahrungen«,[34] die sich nicht intendieren lassen. In eliminatorischen Gewalträumen kann das unregierbare Vermögen, zu schlafen und zu träumen, traumatisch beschädigt werden, zuweilen jedoch ein aisthetisches »Reservat des Selbst« bilden, das allein darin bedeutsam ist, einen »Überrest an Bildern«[35], an »kleinen« Sprech- und bezeugenden Schreibweisen zu erzeugen, in denen sich das Selbst halten und aufrechterhalten kann.

Von solchen Dimensionen sind die »konzentrationären« Träume und literarisch durchgearbeiteten Traummontagen durchdrungen, die Primo Levi und Jean Cayrol in die Gegenwart gereicht haben. In Gedanken gefasst oder unter Lebensgefahr auf Papier gebracht,[36] wurden sie bereits in den deutschen Konzentrations- und Vernichtungslagern komponiert:[37]

> Das Bedürfnis zu erzählen war in uns so stark, daß ich den Text schon dort begonnen hatte, in jenem eisigen deutschen Labor, umgeben von Krieg und indiskreten Blicken, obwohl ich wußte, daß ich diese rasch hingekritzelten Notizen auf keinen Fall aufheben konnte, denn wären sie bei mir gefunden worden, hätten sie mich das Leben gekostet.[38]

Wie kann man Zeugnis von einer Vernichtungsgewalt ablegen, die in die Welt der eigenen Träume und in die Intimität des Schlafs reicht? Wie kann man mit dem Aufzeigen eines aisthetischen Widerstands zugleich einen kommenden, x-beliebigen Leser erreichen und ihm die Augen, vor Erschrecken, weit öffnen?[39]

Träume können fragile Haltepunkte des Selbst inmitten einer unerträglichen Wirklichkeit bilden; sie können die Übermacht des Bedroht- und Ausgeliefertseins in Angstträumen spürbar machen oder den Träumer in unendlicher Wiederholung zum Gefangenen einer traumatischen Gewalt machen. In seinem Essay *Unsere Träume* (1977) fügte Primo Levi eine weitere Möglichkeit hinzu:

> Nichts verbietet einem [...] mit dem Gedanken zu experimentieren, daß unsere Träume nicht immer die unseren sind; daß ihre Gewalt, Obszönität und Verruchtheit nicht Spuren von Monstren sind, die tief in unserem Inneren begraben liegen, sondern von den Monstren der anderen herstammen [...].[40]

Die Überlebenden des Holocaust, die Primo Levi hier anspricht, sind ihrer eigenen Träume beraubt. Sie werden von jenen geträumt, die sie vernichten. In seinen beiden autobiografischen Berichten *Ist das ein Mensch* und *Die Untergegangenen und die Geretteten*[41] hat Primo Levi dem Schlaf und dem Traum große Bedeutung zugemessen: auf dem »Bildschirm unserer Träume«[42] zeichnete sich das Grauen von Auschwitz-Birkenau, mitunter auch die unwahrscheinliche Möglichkeit des Überlebens- und Bezeugenkönnens, ab.

Primo Levi wurde am 13. Dezember 1943, im Alter von 24 Jahren, von der faschistischen Miliz festgenommen, Ende Februar 1944 nach Auschwitz deportiert und mit einer Gruppe von 95 Männern in das »›Arbeitslager‹« Monowitz in Oberschlesien eingewiesen: »alle Gefangenen (etwa zehntausend) arbeiten an der Errichtung einer Gummifabrik, die Buna heißt.«[43] In seinem 1947 erstmals veröffentlichten Buch *Ist das ein Mensch?* schildert er seine Einweisung ins Lager als »Vernichtung eines Menschen«. Die Aufnahmeprozeduren der gewaltsamen Entblößung, des Desinfizierens und Haarescherens, der Tätowierung, der Ausgabe der »Zebra-« und anderer entwürdigender Kleidung,[44] des Wartens im sogenannten Quarantäneblock, von Schlafmangel, Hunger und Durst entkräftet, waren dazu bestimmt, die Häftlinge eines »sozialen« und »bürgerlichen Todes«[45] sterben zu lassen. In Monowitz, wo die Schläge und die »Befehle der Lagerleitung darauf abzielten, noch vor dem physischen Menschen dessen Persönlichkeit zu vernichten«, herrschte »tiefste Trostlosigkeit« und die Bereitschaft, in den unter Starkstrom stehenden Stacheldrahtzaun zu laufen, wie Leonardo De Benedetti 1946 in seiner »Aussage über Monowitz« festhält.[46]

In ihrem *Bericht über die hygienisch-gesundheitliche Organisation des Konzentrationslagers für Juden in Monowitz (Auschwitz – Oberschlesien)*, den Leonardo De Benedetti, Chirurg, und Primo Levi, Chemiker, auf Ersuchen des russischen Kommandanten des Auffanglagers von Kattowitz, nach der Befreiung von Auschwitz durch die Rote Armee, verfasst hatten, weisen die beiden Freunde auf den »Fassaden«-Charakter der »Blocks« mitsamt den »dreistöckigen Betten und akkurat zusammengelegten, glattgestrichenen Decken« hin:

> in Wahrheit sah es ganz anders aus: Tatsächlich waren in den »Blocks«, die normalerweise zwischen 150 und 170 Personen aufnehmen konnten, stets nicht weniger als 200, manchmal auch 250 zusammengepfercht, weshalb in jedem Bett zwei Personen schlafen mußten. Unter diesen Bedingungen genügte die Luft im Schlafsaal nicht einmal den Mindestanforderungen von Atmung und Sauerstoffversorgung des Blutes. Die Betten bestanden aus einer Art Sack, mehr oder weniger gefüllt mit Holzwolle, die auf Grund des langen Gebrauchs beinahe zu Staub zermahlen war, sowie aus zwei Decken. Abgesehen davon, daß diese nie gewechselt wurden […], waren sie zumeist […] durch überlangen Gebrauch zerschlissen, zerrissen, übersät mit Flecken aller Art.[47]

In dieser komatösen Nachtwelt, in der Schweiß, Ängste, Gerüche, Träume zu einer amorphen Masse zusammenschmolzen, wurden auch die Grenzlinien zwischen Wachen und Schlafen, Schlafen und Träumen, Ich und Anderen porös.[48] In den Schriften Primo Levis lassen sich insgesamt vier Schlaf- und Traummodalitäten ausfindig machen, die sich zwischen Geträumtwerden, Traumatisierung und aisthetischem Überlebenswiderstand hin und her bewegen.

Da ist zum einen der chronische Hungerschmerz, der Primo Levis Traum- und Schlafzustände durchdringt, ein akuter, durch nichts zu verdrängender Schmerz, »den die freien Menschen nicht kennen, der nachts Träume hervorruft und der in allen Gliedern unseres Körpers wohnt.«[49] Der Hunger selbst träumt, er träumt sich durch die Träume all derer, denen die Mittel zum Leben mit berechnendem Vernichtungskalkül entzogen wurden:

> Man hört das Atmen und das Schnarchen der Schläfer, manche wimmern und reden. Viele schmatzen und bewegen ihre Kiefer. Sie träumen, dass sie essen: […] das ist ein kollektiver Traum,[50] [die schmerzhaft irreale Wunscherfüllung des gesättigten Magens.]

> Brot-Broit-chleb-pane-pain-lechemkenyer, dieser heilige graue Würfel, der dir in der Hand deines Nächsten so riesig vorkommt und in deiner eigenen so klein, daß du weinen könntest. Das ist eine tägliche Halluzination, an die man sich endlich gewöhnt.[51]

Der je eigenen Träume mehr und mehr beraubt, bilden Traum- und Schlafzustände zusehends Rückzüge ohne Selbstbezüge. Die Realität des Lagers Monowitz schlägt in die Träume aller Häftlinge ein, auch wenn die Nacht eine Art erschöpfter Atempause vor dem neuerlichen, bodenlosen Aufwachen verspricht, das sich ohne Ankündigung bereits in den flachen Schlaf der frühen Morgenstunden einnistet. Niemand fällt hier einfach nur vor Erschöpfung in den Schlaf. Das Schlafen selbst ist im freien Fall, von allen Seiten bedroht, eingezingelt und ausgefranst, wie Primo Levi in der Schilderung einer zweiten Schlaf- und Traummodaliät herausstellt.

> Die aus Hunger, Schlägen, Kälte, Mühsal, Angst und drangvoller Enge zusammengesetzte Not des Tages verwandelt sich nachts in unförmige Mahre von unglaublicher Vehemenz […]. Eiskalt vor Grauen und mit einem Zusammenzucken aller Glieder wacht man alle Augenblicke auf, die wutentbrannte Stimme und den in unverstandener Sprache gebrüllten Befehl noch im Ohr. […] Weckt uns der Alptraum selbst oder die Pein, dann suchen wir vergeblich, die einzelnen Elemente

> herauszuschälen und sie aus unserem gegenwärtigen Bewußtsein zu verbannen, damit unser Schlaf von ihrem Eindringen bewahrt bleibe. Doch kaum fallen die Augen wieder zu, so merken wir auch schon, wie unser Hirn [...] nochmals in Bewegung gerät: keiner Ruhe fähig, klopft und saust es, formt Gespenster und fürchterliche Zeichen, versetzt sie in Aktion und projiziert sie ohne Unterbrechung, grau und nebelhaft, auf den Bildschirm unserer Träume. Doch über der ganzen Nacht, über allen Wechselfällen des Schlafs, ob Wachsein oder Alptraum, droht wartend das Grauen vor dem Augenblick des Weckens. [...] »Aufstehen!« oder, häufiger noch, auf polnisch: »Wstavac!« Nur ganz wenige erwarten schlafend das »Wstavac«: es ist ein Augenblick allzu heftigen Schmerzes [...]. Das fremde Wort stürzt wie ein Stein in den Grund aller Seelen hinab. »Aufstehen!«[52]

Primo Levi hat den Lagerträumen in *Ist das ein Mensch?* unter dem Titel »Unsere Nächte!« ein eigenes Kapitel gewidmet. Darin umkreist er die menschliche Fähigkeit, sich in Extremsituationen »Schlupfwinkel zu schaffen, sich abzukapseln, eine dünne Schutzwand um sich zu errichten«: Das kann ein Nagel sein, eingeschlagen über den Schlafplatz, »um nachts die Schuhe daranzuhängen«; das können »stillschweigende Nichtangriffspakte mit dem Nachbarn« sein: »Man hat sich ein Nest gebaut, das Trauma der gewaltsamen Verpflanzung ist überwunden.«[53]

Derartige Haltepunkte des Selbst bildeten für ihn die Überlebensträume. Überleben konnte in den Vernichtungslagern bedeuten, den eigenen Tod durch das Zeugnis zu überleben, es konnte heißen, das Leben um des Bezeugen willens zu überleben. Leben ist Überleben, fortfahren zu leben, um zu bezeugen, Sterben ist Überleben, sofern nur eine Spur den Bezeugenden überlebt.[54] »Der Drang zu berichten«[55] und der Wille, Zeugnis abzulegen, konnten zum treibenden Motiv des Weiter- und Überlebens werden: »[A]uch an diesem Ort«, so Primo Levi, »kann man am Leben bleiben und muß deshalb auch den Willen dazu haben, schon um später zu berichten, Zeugnis abzulegen.«[56]

Primo Levi schildert wiederum zwei Varianten solcher Zeugen- und Überlebensträume.[57] Der Zeuge appelliert an die Hörer, ihm Glauben und Vertrauen zu schenken, selbst wenn er keine hieb- und stichfesten Beweise vorlegen kann.[58] Aber was, wenn das Bezeugte so ungeheuerlich und so unglaublich ist, dass dem Zeugen nicht einmal Gehör geschenkt wird?

Dies genau war ein Kalkül der SS-Funktionsträger, die sehr genau wussten, dass sie mit der Vernichtung der europäischen Juden etwas so Ungeheuerliches taten, dass niemand es für wahr würde halten können, ohne es mit eigenen Augen gesehen zu haben.[59] Von derartigen Sprechakten der Lager-SS, gerichtet an die nach Auschwitz deportierten jüdischen Menschen, berichtet Primo Levi in *Die Untergegangenen und die Geretteten*:

> Wie auch immer dieser Krieg ausgeht – den Krieg gegen Euch haben wir gewonnen. Keiner von Euch wird übrigbleiben, um Zeugnis abzulegen, aber selbst wenn einer davonkommen sollte, würde ihm die Welt nicht glauben. […] Und selbst wenn irgendein Beweis übrigbleiben und einer von Euch überleben sollte, werden die Leute sagen, daß die Dinge, von denen ihr da berichtet, zu ungeheuerlich sind, als daß man sie glauben könnte. […] Die Geschichte der Lager werden wir diktieren.[60]

In manchen seiner Überlebensträume geht es um das Erwachen aus der Realität des brutal Tatsächlichen durch den geträumten Traum selbst. Es geht um den Wunsch, aus der geschlossenen Vernichtungsrealität des »Arbeitslagers« Monowitz durch den Traum der Rückkehr und des Bezeugens zu erwachen, und doch im letzten Augenblick zu scheitern:

> [N]un bin ich wach: aber nicht eigentlich wach, nur ein bißchen wacher, auf der obersten Sprosse der Leiter vom Unbewußten zum Bewußten. Meine Augen sind geschlossen, und ich will sie auch nicht öffnen, um mir den Schlaf nicht entgleiten zu lassen, [...] Meine Schwester, einige nicht genau erkennbare Freunde von mir und viele andere Menschen sind da. Sie hören mir alle zu, und eben das erzähle ich: [...] Ich erzähle [...] ausführlich von unserm Hunger, von der Läusekontrolle und von dem Kapo, der mich auf die Nase geschlagen und dann zum Waschen geschickt hat, weil ich blutete. Ein intensives, körperliches, unbeschreibliches Wonnegefühl ist es, in meinem Zuhause und mitten unter befreundeten Menschen zu sein und über so vieles berichten zu können. Und doch, es ist nicht zu übersehen, meine Zuhörer folgen mir nicht, ja sie sind überhaupt nicht bei der Sache: Sie unterhalten sich undeutlich über andere Dinge, als sei ich gar nicht vorhanden. Meine Schwester schaut mich an, steht auf und geht, ohne ein Wort zu sagen. Da erhebt sich in mir eine verzweifelte Pein, gleich wie mancher kaum noch bewußte Schmerz aus frühester Kindheit: Schmerz in seinem reinen Zustand. [...] Und für mich ist es besser, noch mal an die Oberfläche zu steigen, doch jetzt mache ich ganz bewußt die Augen auf, damit ich die Sicherheit habe, auch wirklich wach zu sein. [...] Nun bin ich vollkommen bei Bewußtsein und erinnere mich ebenfalls, daß ich [diesen Traum] schon Alberto erzählt habe; und er hat mir zu meinem Erstaunen gestanden, daß dies auch sein Traum sei und daß ihn viele andere,

> vielleicht alle träumten. Warum ist das so? Warum übersetzt sich der Schmerz aller Tage so beharrlich in unsere Träume, in die immer wiederkehrende Szene des gegebenen und nicht angehörten Berichts?[61]

In einem einzigen seiner Überlebensträume, es ist ein Wachtraum, wird die Auschwitzer Nummerntätowierung zu einem Erinnerns-, Überlebens- und Freiheitszeichen des Bezeugens. Primo Levi träumte von der Ankunft zu Hause, nach einer langen Zugreise in die Freiheit,

> bis irgendwann der Zug haltmachen würde. Dann würde ich die milde Luft und den Geruch von Heu spüren und könnte hinaustreten in die Sonne; ich würde mich, wie es in den Büchern heißt, auf die Erde werfen, um sie zu küssen, das Gesicht im Gras. Und eine Frau würde daherkommen und mich auf italienisch fragen: »Wer bist du?«, und ich würde ihr auf italienisch berichten, und sie würde mich verstehen und mir zu essen geben und mich schlafen lassen. Und sie würde meinem Bericht nicht glauben, und ich würde ihr die Nummer zeigen, die ich auf dem Arm trage, und da würde sie mir glauben…[62]

An diesem Ort konnte die Flucht in den Schlaf, der Rückzug in Tag- und Nachtträume, das Grauen verschärfen, gerade auch im Kontrast zur schmerzhaft ersehnten Rettung. »Wehe dem, der träumt! Der Augenblick des Bewußtwerdens, der das Erwachen begleitet, ist die schmerzlichste Pein.«[63] Mitunter konnte die Bewahrung der Bilder des Traums[64] zwar das Festhalten an einem Fetzen humaner Resistenz bedeuten, wie Primo Levi herausstellt. Doch Schlafen und Träumen erwiesen sich zugleich, sofern sie mit allzu starker Hoffnung verbunden waren, als hochriskant.

Hoffnung konnte das Ende beschleunigen, das Ende konnte sich geradezu durch empathische Hoffnung ankündigen. Jean Cayrol behandelt diese lebensgefährliche Hoffnung unter dem Titel »Zukunftsträume«:

> Nach und nach begriffen wir, und das kann von jedem Konzentrationslagerhäftling bestätigt werden, daß all diejenigen, die sich dem besessenen Gedanken an Heimkehr hingaben, starben. Sobald ich einen meiner teuren Kameraden mit einem Bleistift in der Hand sein Haus, seine Wohnstätte von morgen aufzeichnen sah, wußte ich, daß ihm nicht mehr viel Zeit zum Durchhalten blieb.[65]

Jean Cayrol war 1942 in Paris von der Gestapo festgenommen, in Fresnes inhaftiert und 1943 in das Nebenlager Gusen des KZ Mauthausen deportiert worden. Das östlich von Linz in Oberösterreich kurz nach dem »Anschluss« Österreichs an das Deutsche Reich eingerichtete Konzentrationslager war eng mit der Gründung der Deutschen Erd- und Steinwerke GmbH (DEST), Berlin, verbunden, die am 25. Mai Schürfrechte erwarb. Von Beginn an konzipierte Oswald Pohl ein »bipolares«[66] Doppellagersystem Mauthausen/Gusen mit wirtschaftlicher Schwerpunktsetzung der DEST in Gusen. In dem Steinbruch des Lagers Gusen wurden vor Kriegsbeginn vor allem sogenannte »Berufsverbrecher« und »Asoziale« zu Zwangsarbeit eingesetzt, nach dem Überfall der Deutschen Wehrmacht auf Polen wurden am 25. Mai 1940, jenem Tag, an dem das Lager offiziell eingeweiht wurde, 8000 Polen, überwiegend Angehörige der polnischen Intelligenz, nach Gusen deportiert. 1500 von ihnen verloren bis Jahresende ihr Leben unter der mörderischen Kommandantur des SS-Lagerführers Karl Chmielewski. »1941 bestand die große Mehrheit der Neuankömmlinge im Nebenlager Gusen aus Veteranen des Spanischen Bürgerkrieges. Bei den anderen Insassen erwarben sich diese Männer rasch den Ruf des Mutes und der Solidarität.«[67]

Im Frühjahr 1942 kamen einzelne Franzosen nach Gusen, der erste größere Transport traf im März 1943 ein, vorwiegend Mitglieder der Résistance, die in der sogenannten Aktion »Nacht und Nebel« gefangen genommen worden waren,[68] darunter auch Jean Cayrol, der zunächst Mitarbeiter des Französischen Geheimdienstes, ab 1941 dann Mitglied der Résistance war. In Gusen musste er im Steinbruch, im Straßenbau und bei Schienenverlegungen arbeiten. Bald nach seiner Befreiung verfasste er den Essay *Les rêves lazarenes.* Allmorgendlich hatte er »die konzentrationären Träume«[69] unter seinen Kameraden in Gusen »eingesammelt«.[70] Diese Sammlung bildete das Material für die von ihm entworfene Typologie der »Traumwogen«,[71] die von Zellen-Träumen über die konzentrationären und lazarenischen Träume zu den Heils- und Zukunftsräumen bis zu den nachkonzentrationären Träumen reichen. Trotz des Versuches, den Häftlingsträumen eine eigene Typologie zu verleihen, legt Jean Cayrol Nachdruck auf das singuläre Leiden der Häftlinge: »Die Konzentrationslager wurden von den Opfern auf ganz verschiedene Weise durchlitten«[72], die Träume gehörten jedoch, wie der Blick in den »gestirnten Himmel«, wenn die Häftlinge wegen der harntreibenden Suppe nachts mehrfach barfuß den Weg zur Latrine finden mussten, zu den »Wohltaten der Nacht«.[73] Landschafts- und Architekturträume, die Ausblicke in eine andere, freie Welt und auf verlorene Horizonte bieten mochten, auch Nahrungsträume zählt Cayrol zum »Brot der Träume«[74] in allen Wortsinnen. »Eine gewisse Irrealität wurde genau wie sein nächtliches Niemandsland zur besten Verteidigung der menschlichen Wirklichkeit im Reinzustand. Der Gefangene legte in diese verriegelten und umzäunten Träume all seine Liebeskraft, seine Sehnsucht nach Freiheit und Glück«.[75]

Auch am Tage konnte die Kraft der »Irrealisierung« und der »Verdoppelung«[76] dazu verhelfen, das Selbst an ein Anderswo zu versetzen, vor allem wenn der Gefangene körperlicher Gewalt ausgesetzt war:

> Was den Gefangenen sehr häufig aufrechterhielt, war die einzigartige Fähigkeit, sich der gegenwärtigen Situation zu entziehen; seine Kraft und sein Widerstand nahmen schließlich außerordentlich zu, weil plötzlich in dem Augenblick, da man ihn schlug, da man ihn peitschte, der alte Apfelbaum seines Gartens oder der ängstliche Gang seines Hundes vor seinen Augen erschien.[77]

Schlafen und Träumen bildeten »übernatürliche Widerstandskräfte, die sich im Verborgenen entwickelten«.[78]

> Der Gefangene war Herr seines Schlafes; über diese wenigen Stunden, wo alles Gelebte bis zum Paroxysmus in einer übernatürlichen Vision erschien, hatte die SS weder Gewalt noch Macht. Dieser Schlaf war zumeist kein kreatürliches Ausruhen; er wurde zu einer Art Reliquienschein einer vielleicht ersterbenden Vergangenheit, die sich jedoch umwandelte, wenn es einigen blitzartigen Bildern gelang, einen Steg der Rückkehr aufleuchten zu lassen. Dieser Schlaf bedeutete für jeden von uns die Aufhebung seiner Rechtlosigkeit, das *Positive* seines negativen Tageslebens.[79]

Der Blick des Deportierten, der »zu viel wahrgenommen«[80] hatte, dem die Zeit und der eigene Körper deportiert worden war, er konnte mitunter im Umherirren »zwischen zwei Welten«, zwischen dem extrem verminderten Dasein im Konzentrationslager und dem Rückzug des Selbst, in der »Schutzhütte« seiner Träume, überleben.[81]

In den Extremsituationen der deutschen Konzentrations- und Vernichtungslager waren soziale Beziehungen, »stabile Paarbeziehungen« und Kleingruppenbildungen, überlebenswichtig, wie Elmar Luchterhand, Nachrichtenoffizier der amerikanischen Armee, herausfand, der insgesamt 75 Überlebende der Lager Ohrdruf, Buchenwald, Gusen, Mauthausen, Dachau, Wanfried und Feldafing sowie österreichische und deutsche Zivilisten, die in der Nähe der befreiten Lager lebten, interviewte. »Das Paar, die Dreier- oder Vierergruppe und, in seltenen Fällen, größere Einheiten waren sichere Organisationsformen. Verrat war weniger wahrscheinlich. Größere Gruppen waren in der Regel weniger erfolgreich im ›Organisieren‹« und Teilen der organisierten Lebensmittel.[82] Seine »genuin soziologische Perspektive« stand im Widerspruch zu all jenen, die, wie Hannah Arendt, Bruno Bettelheim,[83] später auch Wolfgang Sofsky, allein »die Effizienz des Nazi-Terrors«, herausgestellt hatten, ohne zugleich »die Grenzen der NS-Politik«[84] durch Sozialitätsstiftung, durch Fluchtlinien und Überlebenswiderstand aufzuzeigen.

In dem Maße, in dem die »Reservate des Selbst«,[85] die eigene Haut, die Kleidung, der intime Raum, körperliche Unverletzlichkeit, leibliche Selbstzugehörigkeit, deren Schutz eine zentrale soziale und gesellschaftliche Aufgabe darstellt, im kalkulierten System des Terrors mit extremer Gewalt zerstört wurden, konnte der Freitod eine letzte, verzweifelte Chance auf Selbstaneignung durch Selbstentaneignung,[86] einen Widerstandsakt radikaler Passivierung bedeuten.

Das Politische in Extremsituationen der Gewalt muss deshalb nicht nur von der Natalität des widerständigen Überlebens, sondern auch von der Transitivität des Sterbens aus gedacht werden. Hermann Langbein berichtete, dass Freitod eine unter den Häftlingen vieldiskutierte Frage gewesen sei. Im Kontext der rassistischen NS-Tanathopolitik war nicht nur die Lebensrettung eine widerständige Praktik, auch der Freitod konnt es sein. Erkennbar ist das auch daran, dass missglückte Versuche hart bestraft wurden. Freitode wurden von der SS als Akte der Selbstbehauptung und Selbstbestimmung angesehen, die dem Anspruch auf totale Verfügungsgewalt »über Leben und Körper der Insassen« zuwiderliefen,[87] wie Jean Améry, der Auschwitz überlebte und sich 1978 das Leben nahm, schildert:

> Es war bezeichnend für die Situation der Häftlinge, daß nur wenige sich entschlossen, »an den Draht« zu laufen, wie man sagte, das heißt: durch Berühren der mit Starkstrom geladenen Stacheldrähte Suizid zu begehen. Der Draht war eine gute Sache, vielleicht aber wurde man noch vorher, beim Versuch, sich ihm zu nähern, ertappt und in den Bunker geworfen, was zu einem schwierigen und peinvolleren Tode führte.[88]

Thomas Blatt, der die Geschichte des »vergessenen Aufstands« im Vernichtungslager Sobibór aus der Perspektive des Aufständischen, Geflüchteten und Überlebenden auf Grundlage seines im Lager verbotenerweise geführten Tagesbuches verfasst hat, hebt hervor, dass »[f]ür einige der Selbstmord eine Form des Protests« darstellte: »Die Deutschen wollten den exakten Ort und Zeitpunkt des Todes eines Juden bestimmen. Selbstmord entzog ihnen die Kontrolle.«[89] Die Bestimmung des eigenen Todeszeitpunktes war eine »spirituelle« Form des Widerstands, so Blatt.[90] Er berichtet auch von dem Überlebenden Moshe Szklarek, der Augenzeuge eines »dramatischen Moments von spirituellem Widerstand« wurde, »als ein alter polnischer Jude sich weigerte, den Waggon zu verlassen. Nachdem er dazu gezwungen worden war, beugte er sich nieder und sammelte eine Handvoll Staub ein. Während er den Staub in alle Himmelsrichtungen warf, sagte er zu SS-Oberscharführer

Karl August Frenzel: ›Das wird mit eurem Reich passieren. Es wird wie Rauch verschwinden.‹«[91] Dieser demonstrativen Verfluchung und prophetischen Widerstandsgeste stellt Blatt den Angriff einiger junger Männer an die Seite, die am 30. April 1943 mit 2.000 Juden aus Wlodawa nach Sobibór deportiert worden waren und bei ihrer Ankunft »mit bloßen Händen die SS an[griffen]«. Sie alle, so Blatt, wurden »mit Maschinenpistolen niedergeschossen.«[92] Er erinnert sich an den Versuch eines Häftlings, die Neuangekommenen auf dem getarnten und eingezäunten Weg zur Gaskammer, der sogenannten »Himmelfahrtsstraße«, zu warnen:

> Einer der jungen Burschen, dessen Aufgabe es war, die Opfer anzuweisen, ihre kleinen Handtaschen zurückzulassen, die sie noch bei sich trugen, wurde von einer holländischen Frau gefragt, wohin sie gehen würden. Der Junge sagte die Wahrheit: »Von dort, wo ihr hingeht, gibt es keine Wiederkehr. Sie morden hier.« Die Frau hielt es für einen geschmacklosen Witz und beschwerte sich bei einem Wachmann über den Zwischenfall. Der Deutsche beruhigte sie und erzählte ihr, dass der Junge ein Verhaltensproblem habe. Nachdem die Juden aus diesem Transport getötet worden waren, ergriffen die SS-Leute den Jungen und folterten ihn. Sein langsamer, qualvoller Tod diente allen Häftlingen als abschreckende Warnung.[93]

Thomas Blatt berichtet darüber hinaus von lebensgefährlichen Versuchen, die jüdische Identität zu bewahren, das Kaddisch zu sprechen und die jüdischen Feiertage zu begehen, auch dies »eine machtvolle, subversive Art des Widerstands«[94], wie er betont. Widerstand in seinen »vielgestaltigen«[95] Formen bedeutete, das Unmögliche zu wollen, zu suchen und zu tun. Der Häftlingsaufstand in Sobibór, der am 14. Oktober 1943 um 16 Uhr unter Mitwirkung von 600 Häftlingen begann, erscheint Blatt daher ebenso bedeutsam wie jene »zahllosen Formen des Widerstandes, sowohl passive wie auch aktive, die undokumentiert bleiben und von denen wir nie erfahren«.[96] Blatt zitiert aus seinem Tagebuch: »Ein Transport von polnischen Juden war getötet worden. Das entfernte, dumpfe, trommelähnliche Geräusch von Körpern, die aus den Gaskammern auf das Metallgestell des Lastwagens geworfen wurden, war ständig in der Sortierbaracke zu hören.«[97] Dem unerträglichen Geräusch, das der Aufprall der unbestatteten Körper in seinen Ohren erzeugte, stellt er ein ephemeres Widerstandsereignis entgegen, noch eben lesbar in seinen Spuren und anhand verstreuter Papierfetzen, die er beim Harken der »Himmelfahrtsstraße« auflas:

> Es war schrecklich. Jeder Fußabdruck im Sand erzählte eine Geschichte der Verzweiflung. Hunderte von Fußabdrücken, die mit jedem Zug der Harke dem Boden gleichgemacht wurden, die großen Fußabdrücke der Erwachsenen und die der kleinen Kinder; Abdrücke von Gebrechlichen, die nur ein Bein benutzen konnten und von Freunden gestützt wurden; die Spur von jemandem, der mitgezogen worden war, vielleicht von einem Krüppel, dessen Prothese im Entkleidungsraum hatte zurückbleiben müssen, oder von jemandem, der ohnmächtig geworden war.
>
> Und mitten im Abfall waren einige kleine, zerrissene, rote und grüne Papierschnipsel, die immer wieder durch die Zargen der Harke rutschten. Ich bückte mich, um die Fetzen aufzuheben. Es war Geld. Das rote Papier schien von sowjetischen Scheinen zu stammen, das grüne von amerikanischen Dollars.

Die Menschen hatten sich keine Illusionen gemacht. Vielen war klar, daß das ihr Ende war, und ihre letzte Handlung war eine des Widerstands gewesen. Nackt und machtlos, wie sie waren, hatten sie systematisch das wenige, was ihnen am Ende blieb, zerstört, damit es den Deutschen nicht in die Hände fiel.[98]

Nachwort

Ein Mnemosyneatlas, wie ihn Thomas Blatt mit seinen beiden Büchern zum Häftlingsaufstand und vielgestaltigen Widerstand im Vernichtungslager Sobibór anzulegen begonnen hat, kommt ohne Hierarchisierungen und Gefälle aus. Der »spirituelle« und der fugitive, der konfrontative und der suizidale, der gescheiterte und der bezeugte Widerstand gegen die deutsche Vernichtungsgewalt bilden darin ein pathisches Gefüge, das das Gedächtnis seiner mehr oder minder verblichenen Spuren aufleuchten lässt und damit auch den Blick auf die Geschichte totaler eliminatorischer Gewalt punktiert und verändert.

Alle Widerstandspraktiken der Aktivierung und Passivierung und die buchstäblichen *body politics* des Undienlichwerdens zumal, die noch die konsequentesten und organisierten Gewalt- und Machträume nicht total und restlos machen, müssen als Extremsituationen des Politischen ernst genommen werden, gerade auch mit irreduzibler historischer Verspätung. Denn sie ereignen sich in der Verborgenheit nicht-öffentlicher Gewalträume. In den singulären Zeugnissen, den Interviews, Berichten, Zeichnungen, Fotografien und der Erinnerungsliteratur der Überlebenden, deren Erfahrungen, Sprech- und Schreibweisen sich nicht vollständig in Geschichte auflösen und stillstellen lassen,[1] berühren sich unterschiedliche Geschichten von Gewalt und Widerstand, ohne in Deckung gebracht werden zu können.

Mit den Schriften von Herbert Aptheker, Melville J. Herskovits, Raymond und Alice Bauer und anderer jüdischer Sklavereiforscherinnen und -forscher sind wir nicht nur auf die ersten Spuren eines »relationalen Erinnerns«[2]

gestoßen, sondern auch auf »multidirektionale« Berührungs- und Verbindungslinien bei der wissenschaftlichen Untersuchung diasporischer Erfahrungen, von niedrigschwelligen Widerstands- und kolonial-rassistischen sowie antisemitisch-eliminatorischen Gewaltgeschichten. Jüdische Wissenschaftler und Wissenschaftlerinnen konnten die jahrhundertelange Geschichte der rassistischen Versklavung, der afrikanischen Diaspora, der Entrechtung in der Jim-Crow-Ära der USA nicht untersuchen, ohne zugleich, wie im Aufriß einer »Deckerinnerung«,[3] von der jahrhundertelangen Geschichte der antisemitischen Verfolgung, Entrechtung und Ghettoisierung, der jüdischen Diaspora und der »Katastrophe«[4] des jüdischen Volkes affiziert zu werden. Das galt in analoger Weise für schwarze Sklavereiforscherinnen und Bürgerrechtsaktivisten im Kampf gegen die Lynchgewalt und die Segregation in den USA, allen voran William Du Bois, der 1949 die Ruinen des Warschauer Ghettos besuchte und zu der erschütterten Erkenntnis gelangte, dass er die Sklaverei und deren Fortleben in den USA nicht mehr nur als eigenständiges Problem betrachten könne.[5] In seinem 1950 veröffentlichten *Discours sur le colonialisme* erkannte Aimé Césaire, Mitbegründer der politisch-ästhetischen Bewegung der *Négritude* in Paris,[6] in dem nationalsozialistischen »Verbrechen gegen den *weißen* Menschen« die Anwendung kolonialistischer Praktiken auf Europa, die die europäischen Kolonialmächte bislang »nur« an den Arabern in Algerien, den »Kulis« in Indien und den »Negern« in Amerika exekutiert hätten.[7] Jean Améry stellte seine politische Aktivität in der belgischen *Résistance* und die »sadistische« Folter durch den SS-»Leutnant« Praust, die er in der Festung Breendonk erleiden musste, nachdem er im Juli 1943 von der Gestapo wegen der »Flugzettel-Affäre« verhaftet worden war,[8] zeitweilig vor seine lebensgeschichtlich bestimmende Deportation nach Auschwitz als jüdischer KZ-

Häftling und als Auschwitz-Überlebender, wie Dan Diner unterstreicht.[9] Er tat dies, wie wiederum Paul Gilroy[10] und Lutz Fiedler minutiös herausgearbeitet haben,[11] unter emphatischer Berufung auf Frantz Fanons antikoloniales Konzept revolutionärer Gegengewalt.[12] In die Perspektive einer »Erlösung in der Revolte« rückte Améry in den 1960er Jahren nicht nur seinen eigenen Widerstand gegen das NS-Regime, sondern auch den Häftlingsaufstand im Vernichtungslager Treblinka vom August 1943.[13] Die von Améry so bezeichnete »Geburt des Menschen aus dem Geiste der Violenz«[14] führt auf den Weg einer revolutionären »Selbstwerdung des Menschen«.[15] Doch im Unterschied zu den kolonialen Gewalträumen wurde in Auschwitz die Tötung zu einer »vollkommene[n], unumstößliche[n] Gewissheit«:[16] »Für den Nazi [...] hatte der Tod des Juden, hatte die Endlösung die unangezweifelte Priorität vor der Ausbeutung.«[17] In seinem Text *Im Warteraum des Todes* stellte Améry daher auch die Differenz zwischen »revolutionärer Gewalt« und »jüdischem Widerstand« heraus, dem als »rächende Gewalt« in der suizidalen Bestimmung des eigenen Todes keinerlei Hoffnung auf »Erlösung« bleiben konnte.[18]

Mit seinem Rekurs auf Frantz Fanon entfaltete Améry eine »relationale« Form humaner Resistenz. Jedoch handelte es sich um eine widerständige Relation, die auf der Erkenntnis einer irreduziblen Differenz zwischen kolonialer Gewalt und eliminatorischer Gewalt beruhte und jede Relativierung des Holocausts zurückwies.

Die alltagsgeschichtlich-soziologisch orientierten Pionierleistungen der frühen *African American Studies* und der jüdischen Holocaustforschung *avant la lettre* bestehen nicht nur darin, Gewalt- und Widerstandsforschung miteinander verschränkt zu haben, sondern auch darin, die »Waffen der Schwachen«[19] mit den schwachen Waffen verknüpft und so einem Verständnis niedrigschwelligen Widerstands Vorschub geleitet zu haben, der nicht am Erfolg, sondern am Unmöglichen orientiert ist. In absoluten Gewalträumen erscheint Widerstand unmöglich. Und doch haben Menschen immer wieder das Unmögliche erfunden, gesucht und getan. Angesichts dieser Erkenntnis erweist sich erst die Voraussetzungshöhe gängiger Widerstandskonzepte und deren verengende Pointierung des Politischen. Das gilt für den Tyrannenmord und das Menschenrecht auf Widerstand gegen Unterdrückung genauso wie für Revolutionsprogrammatiken und Konzepte zivilen Ungehorsams in Rechtsstaaten, die sich jeweils auf die Abschaffung staatlicher Ungerechtigkeit, auf eine Zukunft der Menschheit und auf ein bürgerliches Verständnis von Öffentlichkeit und Sichtbarkeit berufen. Auch wenn sie im Namen des Gemeinwohls und menschenrechtlicher Universalität artikuliert werden und artikuliert worden sind, so waren sie doch stets von Aufteilungen, hierarchischen Zugangsbeschränkungen und rassistischen Exklusionen bestimmt. Als problematisch erweist sich im Hinblick auf Extremsituationen der Gewalt die Betonung von Sichtbarkeit und Öffentlichkeit, Aktivität und Handlung. Das betrifft selbst noch moderne Konzeptionen passiven und gewaltfreien Widerstands wie Hungerstreik, Ankettung oder Blockade, für deren politische Bedeutung Öffentlichkeit und mediale Aufmerksamkeit konstitutiv sind. Praktiken der Passivierung, des Berichtens, Aufzeichnens und Bezeugens einer akut erlittenen Gewalt, die sich im Verborgenen abspielen müssen, unterschreiten diese an Sichtbarkeit orientierten Protestformen und kommen daher für die aktuelle Protestforschung und die historische Widerstandsforschung bislang noch kaum systematisch in Betracht. Widerstand kann nur daran gemessen werden, dass er sich überhaupt ereignet und eine Spur hinterlassen hat, die mit historischer Nachträglichkeit zur Erscheinung gebracht werden muss. Andernfalls machte man ihn einmal mehr unvernehmlich.

Es spricht viel dafür, Widerstand aisthetisch, von der empfindlichen Haut, vom verletzlichen, zwecklosen, undienlichen und sterblichen Körper aus zu denken, genauer: ausgehend von einem gewaltsam angetanen und schmerzlich empfundenen Leid, das zum Widerstand und zum Widerstehen drängt, zu *body politics* im buchstäblichen Sinne, in Gewalträumen der Entrechtung und Verfolgung, des Terrors und Massenmords, der Folter, der rassistischen Animalisierung, Verdinglichung und Kommodifizierung. Zum Widerstand als einer reaktiven Praxis, die ein *Wogegen* hat, gehören alle Formen der Selbstaneignung durch Selbstentaneignung und der Selbstzugehörigkeit, mit denen sich das Selbst mit sich selbst in Berührung bringt und in sich zurückzieht, um sich dem Zugriff der Gewalt zu entziehen. Das ist ein mehr oder minder passiver Modus der Gewaltenschwächung. Wo Täter in organisierten Macht- und Gewalträumen darauf abzielen, Menschen zu vernichten, erweist sich jede Form des Weiterlebens als ein politischer Rettungs- und Überlebenswiderstand. Hier vor allem kommen Formen sozialer Beziehungen und kulturelle Praktiken ins Spiel, die menschliches Überleben tragen durch Fürsorge, »Erfindsamkeit«, Trauerarbeit, Teilen und Schenken. Sie sind zugleich politische Praktiken humaner Resistenz. Aktiver Widerstand, sei er offensiv oder verborgen, der eine absolute und totale Gewalt durch Gegengewalt und Befehlsverweigerung, durch heimliche List und erfinderische Praxis, punktuell angreift oder teilt, erweist sich als eine demokratische Gewaltenteilung *in statu nascendi*. Die irreduzible Reaktivität jeden Widerstands macht die kontextsensible Kooperation einer angemessenen Widerstandsforschung mit der je spezifischen Gewaltforschung unhintergehbar. Sie bewahrt beide vor Überzeichnungen und Effizienzüberschätzungen in die eine wie in die andere Richtung.

Dank

Mein herzlicher Dank für freundschaftliches Geleit gilt: Heike Behrend, Holger Brohm, Kathrin Busch, Laura Busse-Klingler, Lutz Fiedler, Sofie Fingado, Nina Franz, Andreas Gehrlach, Zoë Herlinger, Waldemar Isak, Sebastian Köthe, Jan Mollenhauer, Günther Ortmann, Michaela Ott, Ilka Quindeau, Leander Scholz, Michael Wildt und Stephan Zandt.

Morten Paul danke ich herzlich für das sorgfältige und konstruktive Lektorat, Andreas Rötzer für die sympathetische Aufnahme dieses Buches in das Programm von Matthes & Seitz.

Anmerkungen*

Vorbemerkung

1 Emmanuel Lévinas, »›Nom d'un chien‹ oder das Naturrecht«, übersetzt von Frank Miething, in: Frank Miething/Christoph von Wolzogen (Hg.), *Après vous. Denkbuch für Emmanuel Levinas*, Frankfurt a. M. 2006, S. 55–59, hier: S. 57.

2 Salomon Malka, *Emmanuel Lévinas. Eine Biographie*, übersetzt von Frank Miething, München 2003, S. 76–93.

3 Emmanuel Lévinas, »›Nom d'un chien‹ oder das Naturrecht«, a. a. O., S. 57 f.

4 Ebd., S. 57.

5 Salomon Malka, *Emmanuel Lévinas. Eine Biographie*, a. a. O., S. 91, S. 84. Malka berichtet, dass sich im Stalag IX B um André Ullmann, Charles Bonnet und Michel Caillau der *Club des cinglés* (»Klub der Schiefgewickelten«) gebildet hatte, der »ursprünglich solche Kriegsgefangenen versammelte, die an Fragen der Philosophie und der Literatur interessiert waren, und aus dem die MRPGD, die Widerstandsbewegung der Kriegsgefangenen und Deportierten, hervorging.«

6 Ebd., S. 50.

7 Ebd., S. 91, S. 222. Seine Tochte Simone berichtete: »Er sprach niemals von der Vernichtung. Die Shoa war etwas so Ungeheuerliches, daß es mit Worten nicht auszudrücken war. Sie war in allem, was er sagte, in allem, was er tat.«

8 Emmanuel Lévinas, *Jenseits des Seins oder anders als Sein geschieht*, übersetzt von Thomas Wiemer, Freiburg/München 1992.

* Zitate wurden, wenn nicht anders angegeben, von der Autorin übersetzt.

9 Die Übersetzung aus dem Hebräischen ins Deutsche stammt von Salomon Malka, *Emmanuel Lévinas. Eine Biographie*, a. a. O., S. 91.

10 Emmanuel Lévinas, *Totalität und Unendlichkeit. Versuch über die Exteriorität*, übersetzt von Wolfgang Nikolaus Krewani, Freiburg/München 1987, S. 285.

11 Emmanuel Lévinas, »Die Philosophie und die Idee des Unendlichen«, in: ders., *Die Spur des Anderen. Untersuchungen zur Phänomenologie und Sozialphilosophie*, übersetzt von Wolfgang Nikolaus Krewani, Freiburg/München [2]1987, S. 185–208, hier: S. 198.

12 Emmanuel Lévinas, *Totalität und Unendlichkeit*, a. a. O., S. 285.

13 Ebd., S. 284.

14 Emmanuel Lévinas, »Die Philosophie und die Idee des Unendlichen«, a. a. O., S. 199.

15 Emmanuel Lévinas, *Jenseits des Seins oder anders als Sein geschieht*, a. a. O., S. 286.

16 Simon Critchley, *Unendlich fordernd. Ethik der Verpflichtung, Politik des Widerstands*, übersetzt von Andrea Stumpf und Gabriele Werbeck, Berlin/Zürich 2008, S. 75.

17 Bernhard Waldenfels, *Antwortregister*, Frankfurt a. M. 1994, S. 357. Waldenfels macht diesbezüglich eine »praktische *Un-umgänglichkeit* oder *Unausweichlichkeit*, eine *ne-cessituto* im wörtlichen Sinne« geltend.

18 Giorgio Agamban, »Über das, was wir nicht tun können«, in: ders., *Nacktheiten*, übersetzt von Andreas Hiepko, Frankfurt a. M. 2010, S. 77–80, hier: S. 77.

19 Emmanuel Lévinas, »Die Philosophie und die Idee des Unendlichen«, a. a. O., S. 199.

20 Bernhard Waldenfels, »Von der Wirkmacht und Wirkkraft der Bilder«, in: Gottfried Boehm/Birgit Mersmann/Christian Spies (Hg.), *Movens Bild. Zwischen Evidenz und Affekt*, München 2008, S. 47–63, hier: S. 51.

21 Emmanuel Lévinas, »Die Spur des Anderen«, in: ders., *Die Spur des Anderen*, a. a. O., S. 209–235.

22 Den Begriff hat Andreas Gehrlach für unsere gleichnamige Buchreihe »Undisziplinierte Bücher« (Berlin 2019 f.) geprägt.

23 Maria do Mar Castro Varela/Nikita Dhawan, *Postkoloniale Theorien. Eine kritische Einführung*, Bielefeld 2005, S. 24; vgl. auch Michaela Ott, *Welches Außen des Denkens? Französische Theorie in postkolonialer Kritik*, Wien/Berlin 2005, S. 18.

24 Gayatri Chakravorty Spivak, *»Can the subaltern speak?« Postkolonialität und subalterne Artikulation*, mit einer Einleitung von Hito Steyerl, übersetzt von Alexander Joskowicz und Stefan Nowotny, Wien 2008, S. 29, S. 40; Jacques Rancière, *Das Unvernehmen. Politik und Philosophie*, übersetzt von Richard Steurer, Frankfurt a. M. 2002, S. 35, S. 30, S. 38.

25 Rudolf Převrátil/Jasbir K. Puar, *Terrorist Assemblages. Homonationalism in Queer Times*, Durham/London 2007, S. 24. Für Widerstandskorrespondenz und namentlich diesen Hinweis danke ich herzlich Sebastian Köthe.

26 Den Begriff »Gewalträume« hat Wolfgang Sofsky in *Traktat über die Gewalt* (Frankfurt a. M. 1996, S. 178–180) geprägt. Ich verwende ihn hier nicht nur zur Analyse der deutschen Konzentrations- und Vernichtungslager, sondern in einem historisch erweiterten Sinne, der auch die Gewalträume der Versklavung einschließt.

27 Alf Lüdtke, »Eigensinn«, in: Stefan Jordan (Hg.), *Lexikon Geschichtswissenschaft. Hundert Grundbegriffe*, Stuttgart 2007, S. 64–66, hier: S. 65 f. »Der Gebrauch des Eigensinn-Begriffs steht im Zusammenhang mit zunehmender Kritik am bipolaren Konzept von ›Herrschaft‹ und ›Widerstehen‹ als Grundmatrix von Geschichte. [...] Die Beobachtung des Verhaltens von Individuen und von Gruppen zeigt, dass das Entweder-Oder von Zustimmen/Mitmachen oder Widerstehen fehl geht. Das Mitmachen mit zusammengebissenen Zähnen, jene widerwillige Loyalität, [...] erforderte ein Gegengewicht, eine gehörige Dosis Eigensinn.« Nach Einschätzung Lüdtkes sei die Verweigerung des »Hitler-Grußes« zwar ein Zeichen von Eigensinn gewesen, habe

sich jedoch »kaum je als Einstieg in gezielt-nachdrückliches Widerstehen« erwiesen. Lüdtke kontrastiert sein Eigensinn-Konzept mit einem starken und voraussetzungsreichen Widerstandsbegriff, den ich im Folgenden problematisieren möchte. Zugleich rege ich an, die Widerstandssituation und den spezifischen Gewalt- (nicht nur den Herrschafts-)Kontext gleichermaßen in den Blick zu nehmen. Die Verweigerung eines anbefohlenen »Hitler-Grußes« im Folterraum der »Politischen Abteilung« (»Lager-Gestapo«) in einem deutschen Konzentrationslager würde wohl von Widerstand, nicht nur von »Eigensinn« zeugen.

28 Mit herzlichem Dank an Andreas Gehrlach für die Erinnerung an diesen Begriff und unsere Widerstandsgespräche. Zu Plessners »Konzept des politischen Humanismus« siehe etwa Wolfgang Bialas, *Politischer Humanismus und ›Verspätete Nation‹. Helmut Plessners Auseinandersetzung mit Deutschland und dem Nationalsozialismus*, Göttingen 2010, S. 203 ff.

29 Siehe dazu das Kapitel »Absolute Macht« in Wolfgang Sofsky, *Die Ordnung des Terrors. Das Konzentrationslager*, Frankfurt a. M. [4]1993, S. 27–40. Ich widerspreche nicht der organisationssoziologisch orientierten Beobachtung und Charakterisierung Sofskys, dass das »Machtsystem der Konzentrationslager« als »die extremste Form von Macht und moderner Organisation« von unvergleichlicher, »eigener Art« war, dass es sich um eine »organisierte«, »etikettierende«, »gestaffelte«, »auf sich selbst gründende«, »bar jeder Legitimationsideologie« operierende, den Sinn menschlicher Arbeit pervertierende Macht gehandelt habe, wohl aber, dass es sich um eine »absolute Aktionsmacht, befreit von allen Hemmungen« und Grausamkeit entgrenzende Macht gehandelt habe. Denn dies reproduziert die Perspektive der Macht, die wähnt, absolut, nämlich ohne mögliche Gegengewalt und Widerständigkeit, und das heißt restlos »erfolgreich« im Sinne ihrer eigenen Kriterien zu sein.

30 Birgit Nedelmann, »Gewaltsoziologie am Scheideweg. Die Auseinandersetzungen in der gegenwärtigen und Wege der künftigen Gewaltforschung«, in: Trutz von Trotha (Hg.), *Soziologie der Gewalt*, Opladen/Wiesbaden 1997, S. 59–85, hier: S. 63. Für die Hinwendung zum Leiden der Opfer war die Untersuchung der Geschichte des körperlichen Schmerzes von Elaine Scarry, *The Body in Pain. The Making and Unmaking of the World*, New York 1985, von entscheidender Bedeutung.

31 Heinrich Popitz räumt mit Verweis auf Georg Simmel ein, dass die »absolute Gewalt, die ein Machthaber ausübt, [...] sich durch die Tat des Attentäters auch gegen ihn wenden [kann]«. Die Möglichkeit der »Tötung des Machthabers« und dessen eigene »Verletzungsoffenheit« »entlarvt den Vollkommenheitsanspruch nicht nur dieses Machthabers, sondern aller Macht.« Mit der Figur des Attentäters und Märtyrers bringt Popitz heroische Formen aktiven bzw. »radikal passiven Widerstands« ins Spiel, die ich im Folgenden um flache, aisthetische und passivierende Widerstandsformate erweitern möchte. Heinrich Popitz, *Phänomene der Macht. Autorität – Herrschaft – Gewalt – Technik*, Tübingen 1986, S. 83–87.

I. Traditionsstränge

1 Ulrich Kaiser, *Das Motiv der Hemmung in Husserls Phänomenologie*, München 1997, S. 37.

2 Wilhelm Dilthey, »Ausarbeitung zum zweiten Band der Einleitung in die Geisteswissenschaften. Viertes bis sechstes Buch (ca. 1880–1890)«, in: *Gesammelte Schriften*, Bd. XIX, herausgegeben von Helmut Johach und Frithjof Rodi, Göttingen 1982, S. 58–295, hier: S. 80.

3 Wilhelm Dilthey, »Beiträge zur Lösung der Frage vom Ursprung unseres Glaubens an die Realität der Aussenwelt und seinem Recht«, in: *Gesammelte Schriften*, Bd. V,

herausgegeben von Georg Misch, Stuttgart [2]1957, S. 90–138, hier: S. 116, S. 137, S. 131.

4 Ebd., S. 116.

5 Wilhelm Dilthey, »Psychologie als Erfahrungswissenschaft (WS 1888/89)«, in: *Gesammelte Schriften*, Bd. XXI, herausgegeben von Guy van Kerckhoven und Hans-Ulrich Lessing, Göttingen 1997, S. 275–327, hier: S. 325.

6 Edmund Husserl, *Analysen zur passiven Synthesis. Aus Vorlesungs- und Forschungsmanuskripten 1918–1926*, in: *Husserliana*, Bd. XI, herausgegeben von Margot Fleischer, Den Haag 1966, S. 364, S. 432.

7 Edmund Husserl, *Erfahrung und Urteil. Untersuchungen zur Genealogie der Logik*, redigiert und herausgegeben von Ludwig Landgrebe, Hamburg [5]1976, S. 79 f.

8 Edmund Husserl, *Analysen zur passiven Synthesis*, a. a. O., S. 151.

9 »Was immer den Fortgang der Arbeit stört, ist ein Widerstand.« Sigmund Freud, *Die Traumdeutung*, in: *Gesammelte Werke*, Bd. II/III, herausgegeben von Anna Freud u. a., Frankfurt a. M./London 1942, S. 521.

10 Sigmund Freud, *Jenseits des Lustprinzips* (1921), in: GW, Bd. XIII, Frankfurt a. M./London 1940, S. 3–69, hier: S. 17.

11 Sigmund Freud, *Studien über Hysterie* (1895), in: GW, Bd. I, Frankfurt a. M./London 1951, S. 281.

12 Dazu Sigmund Freud, *Über Psychoanalyse. Fünf Vorlesungen* (gehalten an der Clark University 1909), in: GW, Bd. VIII, Frankfurt a. M./London 1945, S. 7 f. Wer hat die Psychoanalyse erfunden und damit zugleich die Widerstände gegen sie? Ernest Jones gestand im ersten Band seiner 1953 erstmals in englischer Sprache erschienenen dreibändigen Freud-Biografie »Anna O.« das Verdienst zu, die »talking cure«, so ihre eigene Bezeichnung, erfunden zu haben, und lüftete im Einvernehmen mit Freud das Geheimnis hinter dem Pseudonym »Anna O«. Ernest Jones, *Sigmund Freud. Leben und Werk*, Bd. 1: *Die Entwicklung zur Persönlichkeit und die großen Entdeckungen*,

1856–1900, übersetzt von Katherine Jones, München 1984, S. 266 ff. Als Frauenrechtlerin trat Bertha Pappenheim für die Gleichheit der Erwerbs- und Bildungschancen von Frauen und Männern ein und engagierte sich im jüdischen Kampf gegen die »weiße Sklaverei«, gegen sexuelle Gewalt und Ausbeutung jüdischer Frauen, die aus dem »Armenhaus Europas«, aus Galizien, von »jüdischen Mädchenhändlern«, wie das antisemitische Stereotyp lautete, in den Westen und nach Übersee verkauft würden. Bertha Pappenheim/Sarah Rabinowitsch, *Zur Lage der jüdischen Bevölkerung in Galizien. Reiseeindrücke und Vorschläge zur Besserung der Verhältnisse*, Frankfurt 1904. Edward J. Bristow, »The German-Jewish Fight Against White Slavery«, in: Leo Baeck Institute, *Year Book* 28 (1983), S. 301–328. Zum politischen Engagement Bertha Pappenheims, namentlich nach ihrer Genesung in den Frankfurter Jahren (1888–1906), siehe Marianne Brentzel, *Sigmund Freuds Anna O. Das Leben der Bertha Pappenheim*, Leipzig 2002, S. 67 ff.

13 In *Hemmung, Symptom und Angst* unterscheidet Freud fünf Modi des Widerstands, die vom Ich, Es und Über-Ich ausgingen, darunter drei, bei denen das Ich die Quelle sei, und zwar in Gestalt des Verdrängungs-, Übertragungs- und Ichwiderstands. Sigmund Freud, *Hemmung, Symptom und Angst*, in: GW, Bd. XIV, Frankfurt a. M./London 1948, S. 113–205, hier: S. 190–193; siehe auch Sigmund Freud, »Die Widerstände gegen die Psychoanalyse«, in: GW, Bd. XIV, S. 97–110.

14 Sigmund Freud, »Wiederholen, Erinnern, Durcharbeiten«, in: GW, Bd. X, Frankfurt a. M./London 1981, S. 126–137.

15 Sigmund Freud, *Die Traumdeutung*, a. a. O., S. 529.

16 Jacques Derrida, »Widerstände«, in: ders., *Vergessen wir nicht – die Psychoanalyse!*, übersetzt von Hans-Dieter Gondek, Frankfurt a. M. 1980, S. 128–180, hier: S. 128, S. 141 ff. »Müßte man widerstehen? Und als erstes: der Analyse«, fragt Derrida zu Beginn seiner Überlegungen, die von einer »Liebes«-Erklärung für das lateinisch-fran-

zösische Wort *résistance* getragen sind und nicht zuletzt den irreduziblen Deutungsgrenzen der Psychoanalyse auf der Spur sind, zumal dem »Nabel des Traums«. Doch warum bringt Derrida nur dem Wort, nicht aber den Widerstandsereignissen und -praktiken seine Liebe entgegen?

17 »Der Kyniker, der Philosoph ist also derjenige, für den das Äußern der Wahrheit niemals durch irgendeine Furcht zurückgehalten werden darf.« »Parrhesia«, Wahrsprechen, so hatte Michel Foucault einen spezifisch politischen, genuin demokratischen Sprechakt bezeichnet, auf den er in verschiedenen Spielarten und Varianten in der antiken politischen Philosophie und Praxis gestoßen war: Auf den Mut nämlich, vor den Machthabern und in der Öffentlichkeit der Bürgerversammlung offensiv das zu äußern, was die Wahrheit gebietet. Ein Wahrsprechen, das behaftet ist mit allen Risiken, nicht gehört, nicht verstanden zu werden, »zu mißfallen und ausgewiesen zu werden, möglicherweise aus der Stadt verbannt zu werden oder verjagt zu werden und seine Bürgerrechte zu verlieren.« Michel Foucault, *Die Regierung des Selbst und der anderen*, übersetzt von Jürgen Schröder, Frankfurt a. M. 2009, S. 436, S. 259.

18 Jacques Derrida, *Seelenstände der Psychoanalyse. Die Unmöglichkeit jenseits einer souveränen Grausamkeit*, übersetzt von Hans-Dieter Gondek, Frankfurt a. M. 2002, S. 39.

19 Siehe das *Special Issue: Resistance, Resisting, and Resisters in and around Organizations* der *Organization Studies* Vol. 38, Issue 9 (2017), insbesondere den Artikel von Dennis K. Mumby/Robyn Thomas/Ignasi Marti/David Seidl, »Resistance Redux«, S. 1157–1183, in dem sich die Autoren ebenfalls dafür aussprechen, unscheinbare Widerstandspraktiken in Organisationen in den Blick zu rücken. Mit herzlichem Dank an Günther Ortmann für diesen Hinweis.

20 Einen analytischen Zugang eröffnet Jan Philipp Reemtsma mit den von ihm untersuchten »Delegationen« und »Dynamiken der Entmonopolisierung« von Gewalt sowie der Betrachtung des Zusammenhang von »Partizipations-

macht und Gewalt«. Jan Philipp Reemtsma, *Vertrauen und Gewalt. Versuch über eine besondere Konstellation der Moderne*, Hamburg 2008, S. 170–182.

21 Jacques Derrida, »Das Recht des Stärkeren (Gibt es Schurkenstaaten)?«, in: ders., *Schurken. Zwei Essays über die Vernunft*, übersetzt von Horst Brühmann, Frankfurt a. M. 2003, S. 15–158, hier: S. 60.

22 Siehe das Frankreich-Kapitel »Gegenstand – Widerstand. Frankreich in den ersten Nachkriegsjahren«, in: Jean Améry, *Geburt der Gegenwart. Gestalten und Gestaltungen der westlichen Zivilisation und Kriegsende* (1961), in: ders., *Werke*, Bd. 2, herausgegeben von Gerhard Scheit, Stuttgart 2002, S. 724–734.

23 Thomas Hobbes, *Leviathan*, mit einer Einführung und herausgegeben von Hermann Klenner, übersetzt von Jutta Schlösser, Darmstadt 1996, S. 277 ff. Zu den englischen Widerstandslehren des 17. Jahrhunderts siehe Kurt Wolzendorff, *Staatsrecht und Naturrecht in der Lehre vom Widerstandsrecht des Volkes. Zugleich ein Beitrag zur Entwicklungsgeschichte des modernen Staatsgedankens*, 2. Neudruck der Ausgabe Breslau 1916, Aalen 1968, S. 262 ff.

24 Aristoteles, *Politik* 1319b 33 ff.–1311a ff. (mit einer Einleitung von Günther Bien, übersetzt und mit erklärenden Anmerkungen versehen von Eugen Rolfes, Hamburg 1981): »Der König soll ein Wächter darüber sein, daß die Vermögenden kein Unrecht leiden und das Volk keine Gewalttat erfährt. Die Tyrannis dagegen verfolgt, wie wiederholt gesagt, keinerlei gemeinnützigen Zweck, es sei denn des eigenen Vorteils wegen.« Zu den Motiven (Furcht, Hass, Verachtung) und Möglichkeiten des Sturzes und Endes der Tyrannis (von außen, durch sich selbst, durch Mordanschlag und Umsturz) siehe: *Politik* 1312b 10 ff., 1311a 26 ff.

25 Hella Mandt, *Tyrannislehre und Widerstandsrecht. Studien zur deutschen politischen Theorie des 19. Jahrhunderts*, Darmstadt/Neuwied 1974, S. 81.

26 Die Maximalhandlung einer gewaltsamen Rebellion als Wahrnehmung eines kollektiven Widerstandsrechts bindet Rousseau indes an Zwischenschritte wie die Einsetzung eines »Tribunats«, dem der Schutz des Souveräns namens »Volk« vor der Regierung obliegt. Denis Jdanoff, *Gehorsam und Widerstand in Hobbes' »Leviathan« und Rousseaus »Gesellschaftsvertrag« – Ein Vergleich*, Berlin 2006, S. 154 f., S. 140.

27 Zur »doppelten Wurzel« des Widerstandsrechts siehe Günther Scheidle, *Das Widerstandsrecht. Entwicklung anhand der höchstrichterlichen Rechtsprechung der Bundesrepublik Deutschland*, Berlin 1969, S. 114; Adolf Arndt, »Agraphoi Nomoi (Widerstand und Aufstand)«, in: *Neue Juristische Wochenschrift* (1962), S. 430–433, hier: S. 430. Hinweise und entsprechende Überlegungen bei Bodo Missling, *Widerstand und Menschenrechte. Das völkerrechtlich begründete Individualrecht gegen Menschenrechtsverletzungen*, Tübingen 1999, S. 12 ff. Als Notwehrrecht zur Verteidigung individueller Rechtspositionen könnte es auf Grundlage von Absatz 3 der Präambel der *Allgemeinen Erklärung der Menschenrechte* (Resolution 217 A [II] vom 10.12.1948, beschlossen von den Vereinten Nationen) als ein »völkerrechtlich begründete[s] Individualwiderstandsrecht gegen Menschenrechtsverletzungen« zum Tragen gebracht werden, wie Bodo Missling geltend macht, um dem unsicheren Rekurs auf ein überpositives Naturrecht zu entgehen, auf das sich die Brüder Stauffenberg, die Widerstandsgruppe *Die Weiße Rose* und nicht wenige andere Widerstandskämpferinnen und -kämpfer berufen haben. Frauke Höntzsch verortet das kollektive Widerstandsrecht mit seiner Anbindung an das Naturrecht in der Schwellenzeit zwischen Neuzeit und Moderne. Mit der Herausbildung des modernen Rechtsstaats sei es angesichts einer »konsequent individualistischen Argumentation« obsolet geworden. Frauke Höntzsch, »Das kollektive Widerstandsrecht – Hybrid zwischen

Tradition und Moderne«, in: Barbara Zehnpfennig (Hg.), *Politischer Widerstand. Allgemeine theoretische Grundlagen und praktische Erscheinungsformen in Nationalsozialismus und Kommunismus*, Baden-Baden 2017, S. 61–81. Rolf Gröschner untersucht »Das Widerstandsrecht im Grundgesetz« (Art. 20 IV GG), das die »Verteidigungswürdigkeit der freiheitlichen Ordnung« symbolisiere und in seinem die Freiheitsordnung bewahrenden Charakter »das Gegenbild der Revolution« darstelle. Rolf Gröschner, »Das Widerstandsrecht im Grundgesetz«, in: Barbara Zehnpfennig (Hg.), *Politischer Widerstand*, a. a O., S. 83–95, hier: S. 89.

28 Oliver Gliech, *Saint-Domingue und die Französische Revolution. Das Ende der weißen Herrschaft in einer karibischen Plantagenwirtschaft*, Köln/Weimar/Wien 2011, S. 288.

29 Ebd., S. 310.

30 Ebd., S. 1, S. 50, S. 55.

31 Gayatri Chakravorty Spivak, »Bonding in Difference. Interview with Alfred Arteage« (1993/94), in: Donna Landry/Gerald Maclean (Hg.), *The Spivak Reader. Selected Works of Gayatri Chakravorty Spivak*, London/New York 1994, S. 15–28, hier: S. 19.

32 Michel-Rolph Trouillot, »An Unthinkable History: The Haitian Revolution as a Non-Event«, in: ders., *Silencing the Past: Power and the Production of History*, Boston 1995, S. 70–107.

33 »Von Kuba bis South Carolina, von Bahia bis Louisiana beklagten sich Sklavenhalter über die ›Unverschämtheiten‹, die ihre Sklaven an den Tag legten, seitdem sie von der erfolgreichen schwarzen Revolution gehört hatten.« David Patrick Geggus, »The French and Haitian Revolutions, and Resistance to Slavery in the Americas: An Overview«, in: *Revue française d'histoire d'outre-mer* 76/Nr. 282–283 (1989), S. 107–124, hier: S. 111.

34 Albert Wirtz, *Sklaverei und kapitalistisches Weltsystem*, Frankfurt a. M. 1984, S. 177.

35 Jacques Rancière, *Das Unvernehmen. Politik und Philosophie*, übersetzt von Richard Steurer, Frankfurt a. M. 2002, S. 40–43.

36 Hannah Arendt, *Über die Revolution*, München 1963, S. 273.

37 Vgl. die erhellende historisierende Lektüre von Hegels *Phänomenologie* von Susan Buck-Morss, *Hegel und Haiti. Für eine neue Universalgeschichte*, übersetzt von Laurent Faasch-Ibrahim, Berlin 2011.

38 Karl Marx/Friedrich Engels, »Die deutsche Ideologie. Kritik der neuesten deutschen Philosophie in ihren Repräsentanten Feuerbach, B. Bauer und Stirner, und des deutschen Sozialismus in seinen verschiedenen Propheten«, in: MEW, Bd. 3, Berlin 1978, S. 9–438, hier: S. 290.

39 Siehe dazu von der Verfasserin »›Schwarze‹ und ›weiße Sklaverei‹« in Karl Marx' Kritik des Amerikanischen Bürgerkrieges und der Politischen Ökonomie«, in: dies., *Undienlichkeit. Gewaltgeschichte und politische Philosophie*, Berlin 2020, S. 157–181.

40 Karl Marx, »Das Elend der Philosophie. Antwort auf Proudhons ›Philosophie des Elends‹«, in: MEW, Bd. 4, Berlin 1977, S. 63–182, hier: S. 182.

41 Ohne eine in dieser Hinsicht explizite Marx-Kritik erschließen Peter Linebaugh und Marcus Rediker einen multiethnischen und multigeschlechtlichen »revolutionären Atlantik«. Peter Linebaugh/Marcus Rediker, *Die vielköpfige Hydra. Die verborgene Geschichte des Revolutionären Atlantiks*, übersetzt von Sabine Bartel, Berlin/Hamburg 2000, S. 351.

42 Eine Ausnahme findet sich in Friedrich Engels, »Revolution in Paris«, in: MEW, Bd. 4, S. 528–530, hier: S. 529. »Gegen Abend fing das Volk an, Widerstand zu leisten. *Barrikaden* wurden gebildet, Wachtposten erstürmt und in Brand gesteckt. Ein Polizeispion wurde auf dem Bastilleplatz niedergestochen. Waffenläden wurden geplündert.«

43 Friedrich Engels, »Die preußische Verfassung«, in: MEW, Bd. 4, S. 30–36, hier: S. 34; Karl Marx, »Das Elend der Philosophie.«, a. a. O., S. 104; Friedrich Engels, »Die Kommunisten und Karl Heinzen«, in: MEW, Bd. 4, S. 309–324, hier: S. 310; Friedrich Engels, »Die Reformbewegung in Frankreich«, in: MEW, Bd. 4, S. 399–406; Karl Marx/Friedrich Engels, *Manifest der Kommunistischen Partei*, in: MEW, Bd. 4, S. 459–493, hier: S. 473.

44 Henry David Thoreau, »Ziviler Ungehorsam«, übersetzt von Ulrich Bossier, in: Andreas Braune (Hg.), *Ziviler Ungehorsam. Texte von Thoreau bis Occupy*, Stuttgart 2017, S. 42–55, hier: S. 45.

45 Siehe freilich Abraham Lincolns berühmt-berüchtigten Brief an Horace Greeley vom 22. August 1862, kurz vor der Schlacht am Antietam: »My paramount object in this struggle is to save the Union, and is not either to save or to destroy slavery. If I could save the Union without freeing any slave I would do it, and if I could save it by freeing all the slaves I would do it; and if I could save it by freeing some and leaving others alone I would also do that. What I do about slavery, and the colored race, I do because I believe it helps to save the Union; and what I forbear, I forbear because I do not believe it would help to save the Union.« Abraham Lincoln, *The Collected Works of Abraham Lincoln*, Vol. 5, herausgegeben von Roy P. Basler, New Brunswick, N.J 1953, S. 389.

46 Hannah Arendt, »Ziviler Ungehorsam«, in: Andreas Braune (Hg.), *Ziviler Ungehorsam*, a. a. O., S. 132–161. Arendt kritisiert Thoreaus Berufung auf das Gewissen: »Der Protagonist des zivilen Ungehorsams kann nur als Mitglied einer Gruppe auftreten« (ebd., S. 133). Ferner zittere das Gewissen »um das individuelle Ich und dessen Integrität« (ebd., S. 136). Es sei daher ganz und gar »unpolitisch« und »subjektiv« (ebd., S. 138). »Der gute Mensch« sei nicht deckungsgleich mit dem »guten Bürger«, vielmehr sei eine gerechte Polis erst Voraussetzung dafür, ein guter Mensch

zu werden, wie sie mit Rekurs auf die aristotelische *Politik* unterstreicht (ebd., S. 137–141).

47 Jacques Derrida, »Das Recht des Stärkeren (Gibt es Schurkenstaaten)?«, a. a. O., S. 60.

48 Henry David Thoreau, »Ziviler Ungehorsam«, a. a. O., S. 55.

49 Ebd., S. 52.

50 Karl Marx, »Die amerikanische Frage in England« (*New York Daily Tribune*, Nr. 6403 vom 11.Oktober 1861), in: MEW, Bd. 15, Berlin 1980, S. 304–314, hier: S. 310.

51 Henry David Thoreau, »A Plea for Captain John Brown« (30.10.1859), {avalon.law.yale.edu/19th_century/thoreau_001.asp}, letzter Zugriff am 28.12.2018. Henry David Thoreau, »Die letzten Tage des John Brown«, in: ders., *Über die Pflicht zum Ungehorsam gegen den Staat und andere Essays*, übersetzt von Walter E. Richartz, Zürich 1973, S. 71–83.

52 Ralf Dreier, »Widerstandsrecht und ziviler Ungehorsam im Rechtsstaat«, in: Peter Glotz (Hg.), *Ziviler Ungehorsam im Rechtsstaat*, Frankfurt a. M. 1983, S. 54–75, hier: S. 60 f.; sowie Horst Schüler-Springorum, »Strafrechtliche Aspekte zivilen Ungehorsams«, in: Peter Glotz (Hg.), *Ziviler Ungehorsam im Rechtsstaat*, a. a. O., S. 76–98, hier: S. 79.

53 Hannah Arendt, »Ziviler Ungehorsam«, a. a. O., S. 144 f.

54 Ebd., S. 149.

55 Zur Rolle des proletarischen Lesens und Schreibens, zur literarischen Evokation des Leidens am Faschismus und des Widerstands der geeinten Arbeiterbewegung gegen den Faschismus, nicht zuletzt zu den Widerstandsgruppen der »Roten Kapelle« in Berlin um den Luftwaffenoffizier Harro Schulze-Boysen und Dr. Arvid Harnack siehe Peter Weiss, *Ästhetik des Widerstands*. Roman, 3 Bde., Frankfurt a. M. 1983.

56 Jacques Rancière, *Ist Kunst widerständig?*, übersetzt von Frank Ruda und Jan Völker, Berlin 2008.

57 Siehe dazu und zum Folgenden die erhellende Analyse von Ruth Sonderegger, »Kants Ästhetik im Kontext des kolonial gestützten Kapitalismus«, in: *Zeitschrift für Ästhetik*

und Allgemeine Kunstwissenschaft: Sensibilität der Gegenwart, herausgegeben von Burkhard Liebsch, Sonderheft 17 (2018), S. 109–129.

58 Simon Gikandi untersucht die historischen Korrespondenzen zwischen der Herausbildung des europäischen, insbesondere des englischen, (Sinnen- und Reflexions-) Geschmacks, der rassistischen Aufteilung des Sinnlichen, der transatlantischen Sklaverei und Plantagenökonomie. Simon Gikandi, *Slavery and the Culture of Taste*, Princeton/Oxford 2011, S. 5, S. 32. Zur Transformationsgeschichte des europäischen Geschmacks unter dem Eindruck kolonialer Konsumgüter siehe die historisch und theoretisch scharfsinnig argumentierende Studie von Stephan Zandt, *Die Kultivierung des Geschmacks. Eine Transformationsgeschichte der kulinarischen Sinnlichkeit*, Berlin 2019.

59 Dazu Saidiya V. Hartmans Schilderung eines *slave dungeon* in der Nähe der Küste von Accra mit meterdicken Schichten menschlicher Rückstände, die Archäologen 1972 freigelegt und als Blut, Fäkalien und Haut identifiziert hatten. Saidiya V. Hartman, *Lose your mother. A Journey along the Trans Atlantic Slave Route*, New York 2007, S. 115.

60 Jochen Meissner/Ulrich Mücke/Klaus Weber, *Schwarzes Amerika. Eine Geschichte der Sklaverei*, München 2008, S. 70 f. Robert Harms, *Das Sklavenschiff. Eine Reise in die Welt des Sklavenhandels*, übersetzt von Michael Müller, München 2007. Außerdem Marcus Rediker, *The Slave Ship. A Human History*, Chicago 2007.

61 Anne C. Bailey, *The Weeping Time: Memory and the Largest Slave Auction in American History*, New York 2017.

62 Die kolonialen Plantagen zeichneten sich seit der Mitte des 18. Jahrhunderts durch eine frühkapitalistische Betriebsform mit »modernem« Management und hoher Arbeits- und Ausbeutungsintensität aus. Sie waren »factories in the field«, so Richard Pares, *Merchants and planters*, Cambridge 1960, S. 23; vgl. auch Albert Wirtz, *Sklaverei und kapitalistisches Weltsystem*, a. a. O., S. 107.

63 Siehe dazu die berüchtigte Fußnote in David Hume, »Essay of National Characters«, in: *The Philosophical Works of David Hume*, Vol. III, Edinburgh 1882, S. 224–244, hier: S. 236, Anm. 2. »I am apt to suspect the negroes and in general all other species of men (for there are four or five different kinds) to be naturally inferior to the whites. There never was a civilized nation of any other complexion than white, nor even any individual eminent either in action or speculation. No ingenious manufactures amongst them, no arts, no sciences. On the other hand, the most rude and barbarous of the whites, such as the ancient GERMANS, the present TARTARS, have still something eminent about them in their valour, form of government, or some other particular. Such a uniform and constant difference could not happen in so many countries and ages, if nature had not made an original distinction betwixt these breeds of men. Not to mention our colonies, there are Negroe slaves dispersed all over Europe, of which none ever discovered any symptoms of ingenuity, tho'low people, without education, will start up amonst us, and distinguish themselves in every profession. In JAMAICA indeed they talk of one negroe as a man of parts and learning; but 'tis likely he is admired for very slender accomplishments like a parrot, who speaks a few words plainly.« Bei dem von Hume namenlos gemachten afroamerikanischen Mann handelt es sich um Francis Wallis, wie Henry Louis Gates Jr., *Figures in Black: Words, Signs and the »Racial Self«* (Oxford 1987, S. 13, S. 18, S. 43), herausgefunden hat. Siehe auch Michel Valerie Ronnick, »Francis Williams. An Eighteenth-Century Tertium Quid«, in: *Negro History Bulletin* 61 (1998), S. 19–29.

64 Siehe Immanuel Kant, »Über das Gefühl des Schönen und Erhabenen«, in: *Kant. Werke*, Bd. 2, Darmstadt 1983, S. 825–884, hier: S. 880: »Die Negers von Amerika haben von der Natur kein Gefühl, welches über das Läppische stiege. Herr Hume fordert jedermann auf, ein einziges Bei-

spiel anzuführen, da ein Neger Talente gewiesen habe, und behauptet: daß unter den Hunterttausenden von Schwarzen, die aus ihren Ländern anderwärts verführt werden, obgleich deren sehr viele auch in Freiheit gesetzt werden, dennoch nicht ein einziger jemals gefunden worden, der entweder Kunst oder Wissenschaft, oder irgend einer anderen rühmlichen Eigenschaft etwas Großes vorgestellt habe, obgleich unter den Weißen sich beständig welche aus dem niedrigen Pöbel empor schwingen, und durch vorzügliche Gaben in der Welt ein Ansehen erwerben. So wesentlich ist der Unterschied zwischen den zwei Menschengeschlechtern, und er scheint eben so groß in Ansehung der Gemütsfähigkeiten, als der Farbe nach zu sein.«

65 Jacques Rancière, »Schiller und das ästhetische Versprechen«, in: Felix Ensslin (Hg.), *Spieltrieb. Was bringt die Klassik auf die Bühne. Schillers Ästhetik heute*, Berlin 2006, S. 39–55, hier: S. 40.

66 Friedrich Schiller, *Über die ästhetische Erziehung des Menschen in einer Reihe von Briefen*, in: *Sämtliche Werke*, Bd. V, herausgegeben von Gerhard Fricke/Herbert G. Göpfert, München/Darmstadt [9]1993, S. 570.

67 Ebd., S. 580.

68 Ebd., S. 576.

69 Ebd., S. 578.

70 Ebd., S. 618.

71 Ebd., S. 635. Vgl. dazu die instruktive Analyse von Christoph Menke, »Vom Schicksal ästhetischer Erziehung. Rancière, Posa und die Polizei«, in: Felix Ensslin (Hg.), *Spieltrieb*, a. a. O., S. 58–70, hier: S. 62 f., S. 64.

72 Zu Antonin Artauds »corps sans organes« siehe ders., *Œuvres complètes*, Bd. XIII, Paris 1974, S. 34, S. 114, S. 287.

73 Die »Heterologie« bzw. »Skatologie« ist bekanntlich bloßes Projekt geblieben, das Bataille nur bruchstückhaft skizziert hat. Vgl. Georges Bataille, »Dossier ›Hétérologie‹«, in: ders., *Œuvres complètes*, Bd. II, Paris 1970, S. 167–205; vgl. auch »Dossier de la polémique avec André Breton«,

in: ebd., S. 51–109, hier: S. 61–65. Siehe dazu Bernd Mattheus, *Georges Bataille. Eine Thanatographie*, Bd. I, München 1984, S. 206.

74 Roger Caillois, *Die Spiele und die Menschen. Maske und Rausch*, übersetzt von Sigrid von Massenbach, Frankfurt a. M./Berlin/Wien 1982; Johan Huizinga, *Homo Ludens. Vom Ursprung der Kultur im Spiel*, Reinbek bei Hamburg 1956.

75 Gilles Deleuze/Félix Guattari, »28. November 1947 – Wie schafft man sich einen organlosen Körper?« (1974), in: dies., *Tausend Plateaus. Kapitalismus und Schizophrenie 2*, übersetzt von Gabriel Ricke und Ronald Voullié, Berlin 1992, S. 205–227.

76 Jacob Rogozinski, *Das Leben heilen. Die Passion Antonin Artauds*, übersetzt von Christian Driesen, Wien 2019, S. 193.

77 Immanuel Kant, *Kritik der Urteilskraft*, in: *Kant. Werke*, Bd. 8, S. 280.

78 Henry Louis Gates Jr., »The Day When America Decided that Blacks Were of a Species That Could Create Literature«, in: *The Journal of Blacks in Higher Education* (1994), S. 50–51; ders., *The Trials of Phillis Wheatley: America's First Black Poet and Her Encounters with the Founding Fathers*, New York 2003; zur Poetologie der Sklaverei und insbesondere zu Phillis Wheatley: Marcus Wood (Hg.), *The Poetry of Slavery: An Anglo-American Anthology, 1764–1865*, Oxford 2003, S. 404 ff.

79 Karl Marx, *Der achtzehnte Brumaire des Louis Bonaparte*, in: MEW, Bd. 8, S. 111–207, hier: S. 161.

80 Siehe bereits die wegweisende Untersuchung von Susanne Lüdemann, *Metaphern der Gesellschaft: Studien zum soziologischen und politischen Imaginären*, München 2004, im Anschluss an Cornelius Castoriadis, *Gesellschaft als imaginäre Institution*, übersetzt von Horst Brühmann, Frankfurt a. M. 1984; für ein systematisches Verständnis des Verhältnisses von instituierender und instituierter Gesellschaft

vgl. Bernhard Waldenfels, »Cornelius Castoriadis: Der Primat der Einbildungskraft«, in: ders., *Deutsch-Französische Gedankengänge*, Frankfurt a. M. 1995, S. 172–197.

81 Cornelius Castoriadis, *Durchs Labyrinth*, übersetzt von Horst Brühmann, Frankfurt a. M. 1983, S. 57.

82 Patrick Eiden-Offe, *Die Poesie der Klasse. Romantischer Antikapitalismus und die Erfindung des Proletariats*, Berlin 2017.

83 Jacques Rancière, *Die Nacht der Proletarier. Archive des Arbeitertraums*, übersetzt von Brita Pohl, Wien/Berlin 2013.

84 Karl Marx, *Das Kapital*, in: MEW, Bd. 23, S. 247, S. 271, S. 280.

85 Alfred S. Kydd, *History of the Factory Movement. The Year 1802, to the Enactment of the Ten Hours' Bill in 1847*, Vol. 1, London 1857, S. 283 f. John Holloway/Edward P. Thompson, *Blauer Montag. Über Zeit und Arbeitsdisziplin*, übersetzt von Lars Stubbe, Hamburg 2007, S. 56; Edward P. Thompson, *Wahrnehmungsformen und Protestverhalten. Studie zur Lage der Unterschichten im 18. und 19. Jahrhundert*, übersetzt von Detlev Puls, Frankfurt a. M. 1979; ders., *Die Entstehung der englischen Arbeiterklasse*, 2 Bde., übersetzt von Lotte Eidenbenz u. a., Frankfurt a. M. 1987. Zur globalgeschichtlichen Erforschung der Geschichte der Arbeit und Arbeiterbewegung siehe Marcel von der Linden, *Transnational Labour History: Explorations*, Aldershot 2003 sowie ders., *Workers of the World. Essays toward a Global Labor History*, Leiden 2008.

86 Karl Marx, *Das Kapital*, a. a. O., S. 316.

87 Louis an Gabriel, zitiert nach Jacques Rancière, *Die Nacht der Proletarier*, a. a. O., S. 98.

88 Jacques Rancière, *Die Nacht der Proletarier*, a. a. O., S. 99.

89 »Le travail à la tâche«, Ms. 134, zitiert nach Jacques Rancière, *Die Nacht der Proletarier*, a. a. O., S. 99.

90 Constant Hilbey, »Réponse à tous mes critiques«, S. 51, zitiert nach Jacques Rancière, *Die Nacht der Proletarier*, a. a. O., S. 75.

91 Orlando Patterson, *Freedom. Freedom in the Making of Western Culture*, Vol. 1, New York 1991, S. 9.

92 Zu den zeitlichen und räumlichen Implikationen der episodischen und der permanenten Flucht siehe Neil Roberts, *Freedom as Marronage*, Chicago/London 2015, S. 98–103.

II. Fugitiver Widerstand

1 Edmund Burke, *Reflections on the French Revolution & Other Essays.* With an Introduction by A. J. Grieve, London 1951, S. 34 sowie S. 339 f., Anm. 13.

2 Edmund Burke, *Betrachtungen über die Französische Revolution, Erster Teil*, Bd. I. Nach dem Englischen des Herrn Burke, mit Einleitung und Anmerkungen von Friedrich von Gentz, Berlin 1794, S. 46.

3 Jacques Bouton, *Relation de l'establissement des François depuis l'an 1635 en l'isle de la Martinique*, Paris 1640, S. 69 f.

4 Charles de Rocheforts, *Histoire naturelle et morale des Isles Antilles de l'Amérique*, Paris 1658, S. 332, S. 335.

5 Bryan Edwards, *An historical survey of the island of Saint Domingo: together with an account of the Maroon negroes in the island of Jamaica; and a history of the war in the West Indies, in 1793, and 1794…; also, a tour through several islands of Barbados, St. Vincent, Antigua, Tobago, and Grenada, in the years 1791 and 1792*, by Sir William Young, London 1801, S. 224.

6 Den Affen nannte man *simarron*, so Albert Wirz, *Sklaverei und kapitalistisches Weltsystem*, Frankfurt a. M. 1984, S. 166. Siehe auch Hipólito San Joseph Giral del Pino, *A dictionary, Spanish and English, and English and Spanish*, London 1763.

7 Philip Nicols, *Sir Francis Drake Revived*, London 1628, S. 7, zitiert nach Tim Lockle, »Runaway Slave Colonies in the Atlantic World«, in: *Oxford Research Encyclopedia*

{oxfordre.com/latinamericanhistory/view/10.1093/acrefore/9780199366439.001.0001/acrefore-9780199366439-e-5}, letzter Zugriff am 10.11.2019.

8 Viktor Schoelcher, *Die Antillen mit besonderer Rücksicht auf die Emanzipation der Negersklaven. Erster Theil*, aus dem Französischen übersetzt von Gottlob Fink, Stuttgart 1847, S. 158.

9 Richard Price, »Maroons: Rebel Slaves in the Americas«, S. 62–64, {folklife.si.edu/resources/maroon/educational_guide/23.htm}, letzter Zugriff am 09.09.2019.

10 In *Kafka, für eine kleine Literatur* heißt es: »Eine Fluchtlinie, sicherlich; aber keine Zuflucht! Die schöpferische Fluchtlinie reißt die gesamte Politik, Ökonomie, Bürokratie und Justiz mit sich fort: Sie saugt sie auf, wie der Vampir das Blut, um ihr ganz neue, nie gehörte Töne zu entlocken, Töne einer nahen Zukunft«. Gilles Deleuze/Félix Guattari, *Kafka. Für eine kleine Literatur*, übersetzt von Burkhart Kroeber, Frankfurt a. M. 1976, S. 57 f.

11 Gilles Deleuze/Félix Guattari, *Tausend Plateaus. Kapitalismus und Schizophrenie*, übersetzt von Gabriele Ricke und Ronald Voullié, Berlin [5]2002, S. 12.

12 Gilles Deleuze/Claire Parnet, *Dialoge*, übersetzt von Bernhard Schwibs, Frankfurt a. M. 1980, S. 48.

13 Ebd., S. 49.

14 Zum Folgenden siehe bereits die teils gleichlautenden Überlegungen der Verfasserin, *Undienlichkeit. Gewaltgeschichte und politische Philosophie*, Berlin 2020, S. 25–30.

15 Timothy B. Powell, »Summoning the Ancestors: The Flying Africans' Story and Ist Enduring Legacy«, in: Philipp Morgan (Hg.), *African American Life in the Georgia Lowcountry: The Atlantic World and the Gullah Geechee*, Athens, Ga. 2010, S. 259–262; Alan Rice, *Radical Narratives oft he Black Atlantic*, London/New York 2003, S. 84; Terri L. Snyder, »Suicide, Slavery, and Memory in North America«, in: *The Journal of Ameican History* (Juni 2010), S. 39–62; sowie dies., *The Power to Die. Slavery and Suicide*

in British North America, Chicago/London 2015, S. 162–166, hier auch mit Rekurs auf »flying Africa folkore«.

16 Hannah Arendt, *Die Freiheit, frei zu sein*, übersetzt von Andreas Wirthensohn, mit einem Nachwort von Thomas Meyer, München [5]2018, S. 26 f.

17 Orlando Patterson, *Slavery and Social Death. A Comparative Study*, Cambridge, MA/London 1982, S. 5–8.

18 Richard Price, »Maroons: Rebel Slaves in the Americas«, a. a. O., S. 63.

19 Albert Wirz, *Sklaverei und kapitalistisches Weltsystem*, a. a. O., S. 167.

20 Ebd., S. 168 f.

21 Schon in der »Alten Welt« wurde der Sklave als »soma« oder »andrápodon«, als »Körper« bzw. »Gegenstand mit Menschenfüßen«, bezeichnet, Leonard Schumacher, *Sklaverei in der Antike. Alltag und Schicksal der Unfreien*, München 2001, S. 74; sowie Hans Klees, *Herren und Sklaven. Die Sklaverei im ökonomischen und politischen Schrifttum der Griechen in klassischer Zeit*, Wiesbaden 1975, S. 190. In Artemidors Traumdeutung sind Füße das Symbol für Sklaven, denn sie leisten für den Herrn, was die Füße für den Körper leisten. Artemidor, *Traumkunst*, übersetzt von Friedrich S. Krauss, neubearbeitet von Gerhard Löwe, Leipzig 1991, I,48, S. 63 f.

22 Albert Wirz, *Sklaverei und kapitalistisches Weltsystem*, a. a. O., S. 167; Richard Price, »Maroons: Rebel Slaves in the Americas«, a. a. O., S. 63.

23 Celeste-Marie Bernier/Hannah Durkin, *Visualising Slavery: Art Across the African Diaspora*, Oxford 2016, S. 76 f.

24 Jacqueline Tobin/Raymond Dobard, *Hidden in Plain View: A Secret Story of Quilts and the Underground Railroad*, New York 1998; Join Eleanor Burns/Sue Bouchard, *Underground Railroad Sampler (Quilt in a Day Series)*, San Marcos 2003. Barbara Brackman, *Facts & Fabriations: Unraveling the History of Quilts and Slavery*, Lafayette, CA 2006.

25 Anna-Maria Benz, »*Freiheit oder Tod« – Harriet Tubman (um 1820–1913). Afroamerikanische Freiheitskämpferin*, Lich 2009, S. 167.

26 Sarah Bradford, *Harriet Tubman. The Moses of Her People*, Bedford, MA 1886, S. 31 f.

27 Frederick Douglass, Brief an Harriet Tubman vom 29. August 1868, in: Sarah Bradford, *Harriet Tubman. The Moses of Her People*, a. a. O., S. 134–135, hier: S. 135.

28 Manolo Florentino/Márcia Amantino, »Runaways and Quilombolas in The Americas«, in: David Eltis/Stanley L. Engerman (Hg.), *The Cambridge World History of Slavery. AD 1420–AD 1804*, Vol. 3, Cambridge 2011, S. 708–739, hier: S. 733 f.

29 Joel Rufino dos Santos, *Zumbi. Eine Gesellschaftsutopie im Brasilien des 17. Jahrhunderts*, übersetzt von Lilly Busch, Wien/Berlin 2019, S. 61.

30 Albert Wirz, *Sklaverei und kapitalistisches Weltsystem*, a. a. O., S. 170.

31 Joel Rufino dos Santos, *Zumbi*, a. a. O., S. 93.

32 Ebd., S. 23. Die Sklavenhändler wollten, wie sie mit Blick auf die »Länder der Schwarzen« sagten, »nur den ›lebenden Atem‹«.

33 Manolo Florentino/Márcia Amantino, »Runaways and Quilombolas in The Americas«, a. a. O., S. 713.

34 Ebd., S. 734.

35 Ebd., S. 736.

36 Albert Wirz, *Sklaverei und kapitalistisches Weltsystem*, a. a. O., S. 171.

37 In diesem Sinne äußerte sich der Zeuge und Sklave Francisco Angola 1634 in einem kolumbianischen Gerichtsverfahren: »Juan Angola, Gefährte dieses Zeugen, sagte ihm, die Weißen hätten sie getäuscht und, auf die Sonne zeigend, hinzugefügt, die Sonne käme aus Guinea [Afrika]: ›Das ist der Weg, laßt uns dorthin gehen!‹ Besagter Gefährte und der Zeuge wanderten im monté [›Busch‹] und verblieben dort einige Zeit, ohne daß er sagen könnte, wie

lange wohl, es verging jedoch mindestens ein Mond, und anschließend, immer noch weiter gehend, erreichten sie den Palenque von El Limón.« Adrian Kindlimann, *Fluchtgemeinschaften Schwarzer Sklaven in Cartagena de Indias (1540–1714)*, Universität Zürich 1994 (unveröffentlicht), S. 43; zitiert nach Martin Lienhard, »Der Diskurs aufständischer Sklaven in Brasilien 1798–1838. Versuch einer archäologischen Annäherung«, in: *Comparativ* 13/Heft 2 (2003), S. 44–67, hier: S. 65.

38 Ebd., S. 64.

39 Neil Roberts, *Freedom as Marronage*, a. a. O., S. 101.

40 Laurent Dubois, »Slavery in the French Caribbean, 1635–1804«, in: David Eltis/Stanley L. Engerman (Hg.), *The Cambridge World History of Slavery. AD 1420–AD 1804*, Vol. 3, a. a. O., S. 444. Albert Wirz, *Sklaverei und kapitalistisches Weltsystem*, a. a. O., S. 164. »Schon das Schlagen des Herrn, der Herrin oder deren Ehemann und Kinder wurde im französischen Kolonialreich mit der Todesstrafe geahndet, wenn die Schläge zu Quetschungen oder Blutvergießen führten oder wenn sie gegen das Gesicht geführt wurden, wie der ›Code Noir‹, um Differenzierung bemüht, festhielt.«

41 Pamela Reed, »Maroon community«, {www.britannica.com/topic/maroon-community}, letzter Zugriff am 08.10.2019; Bryan Edwards, *An historical survey of the island of Saint Domingo: together with an account of the Maroon negroes in the island of Jamaica; and a history of the war in the West Indies, in 1793, and 1794*, a. a. O., S. 306.

42 Pamela Reed, »Maroon community«, a. a. O.

43 Richard Price, »Maroons: Rebel Slaves in the Americas«, a. a. O., S. 62.

44 John Gabriel Stedman, *Stedman's Nachrichten von Surinam und von seiner Expedition gegen die rebellischen Neger in dieser Kolonie in den Jahren 1772 bis 1777*. Ein Auszug aus dem englischen Original. Mit einer Karte von Kupfern, Hamburg 1797, S. 10 f., S. 168 f.; siehe auch die historisch-kritische Ausgabe: John Gabriel Stedman, *Narrative of a*

Five Years Expedition against the Revolted Negroes of Surinam. Transcribed for the First Time from the Original 1790 Manuscript, herausgegeben und mit einer Einführung und Anmerkungen versehen von Richard Price und Sally Price, Baltimore/London 1988, S. 547; sowie Natalie Zemon Davis, »Judges, Masters, Diviners: Slaves' Experience of Criminal Justice in Colonial Suriname«, in: *Law and History Review*, Vol. 29/No. 4 (2011), S. 925–984.

45 David de Ishak Cohen Nassy et al., *Essai historique sur la colonie de Surinam: sa fondation, ses revolutions, ses progres, depuis son origine jusqu'a nos*. Premiere Parties, Paramaribo 1788, S. 87.

46 Neil Roberts, *Freedom as Marronage*, a. a. O., S. 101.

47 Ebd.

48 Albert Wirz, *Sklaverei und kapitalistisches Weltsystem*, a. a. O., S. 175.

49 Neil Roberts, *Freedom as Marronage*, a. a. O., S. 12.

50 Albert Wirz, *Sklaverei und kapitalistisches Weltsystem*, a. a. O., S. 98; Leslie F. Manigat, »The Relationship between Marronage and Slave Revolts and Revolution in St. Dominique-Haiti«, in: *Comparative Perspectives on Slavery in New World Plantation Societies*, Vol. 292/Issue I (1977), S. 420–438.

51 Herbert Aptheker, »Maroons within the Present Limits of the United States«, in: Paul Finkelman (Hg.), *Rebellions, Resistance, and Runaways within the Slave South*, New York/London 1989, S. 65–82, hier: S. 65.

52 David Patrick Geggus, »Slave Resistance Studies and the Saint Domingue Slave Revolt: Some Preliminary Considerations (Paper #4)«, (1983); *LACC Occasional papers series (1981–1990)*, S. 1–36, hier: S. 7, S. 10, S. 3, {digitalcommons.fiu.edu/laccops/3}, letzter Zugriff am 12.08.2019.

53 David Patrick Geggus, *Haitian Revolutionary Studies*, Bloomington, Indianapolis 2002, S. 74.

54 Saidiya V. Hartman, *Scenes of Subjection. Terror, Slavers, and Self-Making in Nineteenth-Century America*, Oxford 1997, S. 65 f., S. 69.

55 Für Virginia siehe Gerald Mullin, *Flight and Rebellion*, Oxford, 1972, S. 34–38, S. 81–82, der in der befristeten Maroonage allerdings ebenfalls keinen Widerstand gegen die Sklaverei erkennen will.

56 Edward Kimber, »Observations in Several Voyages and Travels in America«, in: *London Magazine* 15 (1746), S. 325; Winthrop D. Jordan, *White over Black: American Attitudes toward the Negro, 1550–1812*, New York 1971, S. 113.

57 Laurent Dubois, »Slavery in the French Caribbean, 1635–1804«, a. a. O., S. 439 f.

58 Albert Wirz, *Sklaverei und kapitalistisches Weltsystem*, a. a. O., S. 166; ferner Joan Dayan, »Codes of Law and Bodies of Color«, in: *New Literary History: A Journal of Theory and Interpretation*, Vol. XXVI/No. 2 (1995), S. 283–308, hier: S. 289; außerdem Jean Fouchard, *Les Marrons de la liberté* (1972), Port-au-Prince 1988, S. 92–95.

59 Auf Antigua, in Carolina, auf Bermuda, in Virginia, Pennsylvania und New Jersey war Kastration eine legale Körperstrafe, die im Falle der Flucht oder eines tätlichen Angriffs auf Weiße verhängt werden konnte. Vollstreckt wurde sie vor allem an Afroamerikanern, in seltenen Fällen auch an »Indians«. Siehe dazu Winthrop D. Jordan, *White over Black: American Attitudes toward the Negro, 1550–1812*, a. a. O., S. 153–158.

60 »An Act for the Better Ordering and Governing of Negroes and Slaves« (1712), in: *The Statutes At Large South Carolina*, herausgegeben von David J. McCord, Vol. 7, Columbia S.C. 1840, S. 352–365, hier: S. 352. »Negroes« seien »barbarous, wild, savage natures«.

61 Anna-Maria Benz, *»Freiheit oder Tod«. – Harriet Tubman (um 1820–1913). Afroamerikanische Freiheitskämpferin*, a. a. O., S. 167.

62 *»I now saw, in my situation, several points of similarity with that of the oxen. They were property, so was I; they were to be broken, so was I. Covey was to break me, I was to break them; break and be broken–such is life.«* Frederick Doug-

lass, *My Freedom and my Bondage.* Part I: *Life as a Slave*; Part II: *Life as a Freeman*, New York 1855, S. 212, {docsouth.unc.edu/neh/douglass55/douglass55.html}, letzter Zugriff am 05.06.2019.

63 »Soldat«, im Mittelhochdeutschen im Sinne von »Sold«. Wie es scheint, ist das Wort von Flandern nach Deutschland gekommen, so Jacob Grimm/Wilhelm Grimm, *Deutsches Wörterbuch*, Bd. 16, München 1991, Sp. 1436; siehe dazu Peter Burschel, »Krieg, Staat, Disziplin«, in: *Geschichte in Wissenschaft und Unterricht* 11 (1997), S. 640–652, hier: S. 641, Anm. 8; detaillierter ders., *Söldner im Nordwestdeutschland des 16. und 17. Jahrhunderts. Sozialgeschichtliche Studien*, Göttingen 1994, S. 132 ff.; Michael Sikora, »Das 18. Jahrhundert. Die Zeit der Deserteure«, in: Ulrich Bröckling/Michael Sikora (Hg.), *Armeen und ihre Deserteure*, Göttingen 1998, S. 86–111.

64 Sven Lange, *Der Fahneneid. Die Geschichte der Schwurverpflichtung im deutschen Militär*, Bremen 2003, S. 40.

65 Markus Twellman, *»Über die Eide«. Zucht und Kritik im Preußen der Aufklärung*, Konstanz 2015, S. 19, S. 215. André Holenstein betont: »die Entstehung des staatlichen Monopols legitimer physischer Gewalt [wurde] um die neue Dimension des Monopols der legitimen metaphysischen Gewalt« erweitert: André Holenstein, »Seelenheil und Untertanenpflicht. Zur gesellschaftlichen Funktion und theoretischen Begründung des Eides in der ständischen Gesellschaft«, in: *Zeitschrift für historische Forschung: Der Fluch und der Eid*, Beiheft 15, herausgegeben von Peter Blickle, Berlin 1993, S. 11–63, hier: S. 60.

66 Ulrich Bröckling, *Disziplin. Soziologie und Geschichte militärischer Gehorsamsproduktion*, München 1997, S. 74. Gaston Bodard (Hg.), *Militär-historisches Kriegs-Lexikon 1618–1905*, Wien/Leipzig 1908, S. 40: »Die Verluste infolge Desertion machten sich im 17. und 18. Jahrhundert sehr fühlbar, zumal während des Siebenjährigen Krieges 1756–1763 und insbesondere im Bayrischen Erbfolge-

krieg 1778–1779, wo sie auf preußischer Seite 80 %, auf österreichischer Seite 13 % des Gesamtverlustes ausmachte.« Die zum finalen Dienst am Staat »geborene« Bevölkerung ergriff bereits vor der Einziehung die Flucht, um sich militärisch undienlich zu machen. Mit der Einführung des Kantonsystems war die Landflucht in Preußen, die bereits durch die Zwangsrekrutierungen und aggressiven Werbungen ausgelöst worden war und immer wieder dazu führte, dass geflüchtete »Untertanen« durch das Versprechen auf »Freiheit von jeglicher Werbung« zu »ziviler Erwerbstätigkeit ins Land« zurückgeführt wurden, keineswegs gestoppt. Flucht und Auswanderung, oft ganzer Familien, bereits unmittelbar vor der Einziehung der Männer zum Militärdienst, blieb ein nicht einzuhegendes Dauerproblem, das sich im Feld unter dem Titel »Fahnenflucht« und »Desertation« mit der Größe der Heere und Gewalt des Krieges zumal potenzierte. Hans Delbrück, *Geschichte der Kriegskunst im Rahmen der politischen Geschichte. Dritter Teil. Neuzeit*, Berlin 1920, S. 283 ff.

67 Artikelbrief von 1713, CCM III/1: Von Kriegs-Sachsen (1737), Sp. 339 (= *Corpus Constitutionum Marchicarum oder Königl. Preußis. und Churfürstl. Brandenburgische in der Chur- und Marck Brandenburg*, auch incoroporirten Landen, publicirte und ergangene Ordnungen, Edicta, Mandata, Rescripta etc., herausgegeben von Christian Otto Mylius, Teil I–VI, ebst Anhang und Continuatio 1–4, Berlin 1737–1755), hier zitiert nach Michael Sikora, *Disziplin und Desertion. Strukturprobleme militärischer Organisation im 18. Jahrhundert*, Berlin 1996, S. 64.

68 Joachim Ernst von Beust, *Observationes Militares, oder Kriegs-Anmerkungen*, Gotha 1743, S. 484, S. 511.

69 *Reglement vor die Königl. Preußische Infanterie* 1743, § XI/3, 7 (Neudruck Berlin 1750, 1757, 1766, 1973). »Damit«, so Harald Kleinschmidt, »war die Einbindung der Kämpfer in ein System von Befehl und Gehorsam so verdichtet worden, daß die militärische Tätigkeit als der Dienst an

sich betrachtet wurde.« Zur Verdichtung der Disziplin im 18. Jahrhundert siehe die grundlegende Untersuchung von Harald Kleinschmidt, *Tyrocinium Militare. Militärische Körperhaltungen und -bewegungen im Wandel zwischen dem 14. und 18. Jahrhundert*, Stuttgart 1989, S. 201.

70 Michael Sikora, *Disziplin und Desertation*, a. a. O., S. 77.

71 Es gibt keine Statistiken über die Zahl der »Selbstmorde« in der preußischen Armee. Ein anonymer Autor machte allerdings geltend, dass der Militärstand im Verhältnis zur Zivilbevölkerung die »mehrsten Selbstmorde zeigt«. Der Autor berief sich auf eine Untersuchung über »Selbstmorde« in Berlin zwischen 1781 und 1786. Für diesen Zeitraum seien 239 »Selbstmorde« dokumentiert, 132 unter ihnen gehörten dem »Militär-, 107 nur dem Zivilstande« an. Mit Rekurs auf Friedrich Nicolai unterstrich der Verfasser, dass 111 636 Menschen in der Berliner Bevölkerung dem »bürgerlichen«, 33 386 dem Militärstand angehörten; »weit über zwei Drittel übertrifft« damit, so seine Berechnung, die militärische Selbstmordrate die zivile. Auffällig sei, dass sie in den Exerzierzeiten noch ansteige. Als Ursachen benannte der Autor die Härte der militärischen Disziplin sowie erniedrigende, nicht zuletzt »unverdiente« und entehrende Strafen. Anonymus, »Betrachtungen über die Berlinischen Selbstmörder«, in: *Berlinische Monatsschrift* 1788, S. 200–223.

72 Joachim Ernst von Beust, *Observationum Militarium continuatio*, a. a. O., S. 848, S. 845 ff.; Michael Sikora, *Disziplin und Desertation*, a. a. O., S. 65.

73 Michel Foucault, *Überwachen und Strafen. Die Geburt des Gefängnisses*, übersetzt von Walter Seitter, Frankfurt a. M. 1977, S. 285.

74 Ebd., S. 183.

75 Ebd., S. 176.

76 Pierre Bourdieu, *Entwurf einer Theorie der Praxis auf der ethnologischen Grundlage der kabylischen Gesellschaft*, übersetzt von Cordula Pialoux und Bernd Schwibs, Frankfurt a. M. 1979, S. 379.

77 Michel Foucault, *Überwachen und Strafen*, a. a. O., S. 34 f.

78 Thomas Hobbes, *Vom Menschen. Vom Bürger* (1658/1642), übersetzt von Max Frischeisen-Köhler, eingeleitet und herausgegeben von Günter Gawlick, Hamburg 1994, 8. Kap. S. 161–163. »Deshalb entspringt die Verpflichtung eines Sklaven gegen seinen Herrn nicht einfach daraus, daß dieser ihm das Leben geschenkt hat, sondern vielmehr daraus, daß er ihn nicht in Fesseln oder eingesperrt hält.«

79 Ebd., S. 163.

80 Ebd.

81 Bryan Edwards, *An historical survey of the island of Saint Domingo*, a. a. O., S. 224.

82 Aristoteles, *Politik* I 4, 1253b-1255a.

83 Die Abschaffung der Sklaverei war keineswegs das primäre Ziel des Amerikanischen Bürgerkrieges auf Seiten der Union, wie Marx kritisch im Hinblick auf Lincoln betonte. Karl Marx, »Abolitionistische Kundgebungen in Amerika« (*Die Presse*, Nr. 239 vom 30. August 1862), in: MEW, Bd. 15, S. 530–533, hier: S. 530. Siehe auch Robin Blackburn, *An Unfinished Revolution. Karl Marx and Abraham Lincoln*, London/New York 2011.

84 Zu Frederick Douglass' Begriff »Comparitive Freedom« siehe Neil Roberts, *Freedom as Marronage*, a. a. O., S. 53–88.

85 Frederick Douglass, *My Freedom and my Bondage*, a. a. O., S. 247; siehe auch S. 414: »*I am afraid you do not understand the awful character of these lashes. You must bring it before your mind. A human being in a perfect state of nudity, tied hand and foot to a stake, and a strong man standing behind with a heavy whip, knotted at the end, each blow cutting into the flesh, and leaving the warm blood dripping to the feet; and for these trifles.*«

86 Neil Roberts, *Freedom as Marronage*, a. a. O., S. 86.

87 Frederick Douglass, »Life and Times of Frederick Douglass« (1892), in: ders., *Autobiographies*, New York 1994, S. 1045; dazu Neil Roberts, *Freedom as Marronage*, a. a. O., S. 86 f.

88 Thomas Nail hat zu Recht darauf hingewiesen, dass mit dem englischen Wort »assemblage« für gewöhnlich das französische Wort »agencement« übersetzt wird, das Deleuze und Guattari in *Milles Plateaux* und in *Anti-Oedipus* verwenden. »Agencement« kommt dem Französisch-Englischen Wörterbuch *Le Robert Collins* zufolge vom Verb »agencer«, was soviel bedeutet wie »to arrange, to lay out, to piece together«, das Substantiv hat daher die Bedeutung von »a construction, an arrangement, or a layout«. Das englische Wort »assemblage« kommt dagegen, laut *Oxford English Dictionary*, vom französischen Wort »assemblage«, nicht jedoch vom französischen Wort »agencement«. »Assemblage« heißt im Französischen und im Englischen »the joining or union of two things« or »a bringing or coming together«. Ein Agencement ist in der Tat etwas anderes als eine Verbindung oder Zusammenfügung zweier Dinge zu einer Einheit. Thomas Nail, »What is an Assemblage?«, in: *SubStance* 142/Vol. 46, No. 1 (2017), S. 21–37, hier: S. 22 f.

89 Gilles Deleuze/Félix Guattari, *Kafka. Für eine kleine Literatur*, a. a. O., S. 63.

90 Siehe dazu die Erläuterung der beiden Übersetzer Gabriele Ricke und Ronald Voullié in: Gilles Deleuze/Félix Guattari, *Tausend Plateaus. Kapitalismus und Schizophrenie*, a. a. O., S. 12, Anm. 1, die »agencement« mit »Gefüge«, nicht mit »Verkettung« (wegen der Signifikantenketten, die das Gefüge bestimmen), auch nicht mit »Anordnung« (wegen der Befehlskonnotation) übersetzen.

91 Gilles Deleuze/Claire Parnet, *Dialoge*, a. a. O., S. 76.

92 Ebd., S. 77.

93 Ebd., S. 78.

94 Ebd., S. 77.

95 Ebd., S. 78.

96 Eric Hobsbawm, »Escaped Slaves on the Forest«, in: *New York Review of Books*, 6. Dezember 1990, S. 46–48, hier: S. 46.

97 Michel Foucault, »Die Kraft zu fliehen«, übersetzt von Jürgen Schröder, in: Michel Foucault, *Dits et Ecrits. Schriften*, Bd. II 1970–1975, herausgegeben von Daniel Defert und François Ewald, Frankfurt a. M. 2002, S. 499–504.

98 George Jackson, *Soledad Brother: The Prison Letters of George Jackson*, Chicago 1970, S. 250; Michel Foucault, »Die Kraft zu fliehen«, a. a. O., S. 499. Foucault bezieht sich hier ebenfalls auf George Jackson.

99 Nicholas Thoburn, *Deleuze, Marx, and Politics*, New York 2003, S. 21 u.ö.

100 Michelle Koerner, »Line of Escape: Gilles Deleuze's Encounter with George Jackson«, in: *Genre*, Vol. 44, No. 2 (2011), S. 157–180. Für den Hinweis auf diesen Artikel danke ich herzlich Stephan Zandt.

101 George Jackson, Brief an Fay (April 1970), in: ders., *Recent Letters and an Autobiography*, {www.historyisaweapon.com/defcon1/soledadbro.html}, letzter Zugriff am 22.12.2020.

102 »Am 7. August 1970 stürmte George Jacksons 17-jähriger Bruder Jonathan mit einer automatischen Waffe und der Absicht, seinen Bruder, Drumgo und Clutchette zu befreien, in einen Gerichtssaal in Marin County, Kalifornien. Jonathan Jackson stattete die drei anwesenden Häftlinge James McClain, William Christmas und Ruchell Magee mit Schusswaffen aus. Der Richter Harold Haley und drei Mitglieder der Jury wurden als Geisel genommen. Haley und die Gefangenen William Christmas, James McClain und Jonathan Jackson wurden bei der Flucht vor dem Gerichtsgebäude getötet. Jonathan Jacksons Waffe war auf Angela Davis zugelassen, weswegen sie vom FBI als Most Wanted gesucht, verhaftet und angeklagt wurde.« {de.wikipedia.org/wiki/George_Jackson_(Militanter)}, letzter Zugriff am 19.11.2019; sowie {www.blackpast.org/african-american-history/jackson-george-1941-1971/}, letzter Zugriff am 19.11.2019.

103 Michelle Koerner, »Line of Escape: Gilles Deleuze's Encounter with George Jackson«, a. a. O., S. 158.

104 George Jackson, *Soledad Brother: The Prison Letters of George Jackson*, a. a. O., S. 250.

105 Siehe dazu die FBI-Akte zu George Lester Jackson, {vault.fbi.gov/George%20Lester%20Jackson/George%20Lester%20Jackson%20Part%204%20of%205/view}, letzter Zugriff am 22.12.2020.

106 George Jackson, *Les frères de Soledad*, übersetzt von Catherine Roux, Paris 1971.

107 »Manifest der G.I.P. – Gruppe Gefängnisinformation (unterzeichnet von M. Domenach, M. Foucault und P. Nidal-Naquet; verlesen und von Michel Foucault am 8. Februar 1971 an die Presse verteilt)«, übersetzt von Michal Bischoff, in: Michel Foucault, *Dits et Ecrits. Schriften*, Bd. II 1970–1975, a. a. O., S. 211–213.

108 Karl Marx, »Die amerikanische Frage in England« (*New York Daily Tribune*, Nr. 6403 vom 11.Oktober 1861), in: MEW, Bd. 15, S. 304–314, hier: S. 310.

109 Gilles Deleuze/Félix Guattari, *Anti-Ödipus. Kapitalismus und Schizophrenie I*, übersetzt von Bernd Schwibs, Frankfurt a. M. 1977, S. 358.

110 Gilles Deleuze/Félix Guattari, *Tausend Plateaus. Kapitalismus und Schizophrenie*, a. a. O., S. 279.

111 George Jackson, *Soledad Brother: The Prison Letters of George Jackson*, a. a. O., S. 72.

III. »Wo Macht ist, ist auch Widerstand«

1 Michel Foucault, »Das Subjekt und die Macht«, in: Hubert L. Dreyfus/Paul Rabinow (Hg.), *Michel Foucault. Jenseits von Strukturalismus und Hermeneutik*, Weinheim 1994, S. 241–261, hier: S. 254.

2 Friedrich Nietzsche, *Zur Genealogie der Moral. Eine Streitschrift*, in: *Kritische Studienausgabe*, Bd. 5, herausgegeben von Giorgio Colli und Mazzino Montinari, Berlin/New York/München 1967–77/88, 2. Abhandlung, 12., S. 313–

316; siehe auch Gilles Deleuze, *Nietzsche und die Philosophie*, übersetzt von Bernd Schwibs, Hamburg 2002, S. 69 ff.

3 In *Die Geschichte der Sexualität* hat Michel Foucault in Frontstellung zur »Repressionshypothese« dagegen die Produktivität von Macht hervorgehoben. Michel Foucault, *Sexualität und Wahrheit. Der Wille zum Wissen*, übersetzt von Ulrich Raulf und Walter Seitter, Frankfurt a. M. 1983, S. 27 ff.

4 Ebd., S. 117.

5 Giorgio Agamben, *Nymphae*, herausgegeben und übersetzt von Andreas Hiepko, Berlin 2005, S. 78.

6 Michel Foucault, *Sexualität und Wahrheit*, a. a. O., S. 117.

7 Michel Foucault, *Mikrophysik der Macht. Über Strafjustiz, Psychiatrie und Medizin*, übersetzt von Walter Seitter, Berlin 1976, S. 106.

8 Michel Foucault, *Sexualität und Wahrheit*, a. a. O., S. 116.

9 Friedrich Nietzsche, Nachlass Oktober – November 1888, in: KSA, Bd. 13, 24[3], S. 618.

10 Geneviève Fraisse, *Das Einverständnis. Vom Wert eines politischen Begriffs*, übersetzt von Britta Pohl, Wien/Berlin 2018, S. 92.

11 Unter dem Hegel entlehnten, schillernden Leitbegriff des Eigen-Sinns hat Alf Lüdtke den beruflichen Alltag von Fabrikarbeiterinnen und -arbeitern untersucht: »Eigensinn wird in aller Regel als ein Unterfall von Widerstand oder Widerständigkeit begriffen. Im vorherrschenden Blick pendeln Verhaltensweisen zwischen zwei Polen: Gehorsamkeit und Folgsamkeit auf der einen, Widerständigkeit und offener Widerstand auf der anderen Seite. Im Unterschied dazu zielt die Frage nach dem Eigensinn auf ein Verhalten jenseits solcher Entweder-Oder-Fixierung.« Alf Lüdtke, *Eigen-Sinn: Fabrikalltag, Arbeitererfahrungen und Politik vom Kaiserreich bis in den Faschismus*, Hamburg 1993, S. 380; zu Hegels Verwendung des Begriffs im »Herr-Knecht-Kapitel« der *Phänomenologie des Geistes* siehe auch Alf Lüdtke, »Geschichte und Eigensinn«, in: Berliner Geschichtswerk-

stätten (Hg.), *Alltagskultur, Subjektivität und Geschichte. Zur Theorie und Praxis von Alltagsgeschichte*, Münster 1994, S. 139–153, hier: S. 149 f.

12 Gilles Deleuze, *Bartleby oder die Formel*, übersetzt von Bernhard Dieckmann, Berlin 1994, S. 31.

13 Albrecht Koschorke, »Institutionentheorie«, in: Eva Esslinger/Tobias Schlechtriemen/Doris Schweitzer/Alexander Zons (Hg.), *Die Figur des Dritten. Ein kulturwissenschaftliches Paradigma*, Berlin 2010, S. 49–64, hier: S. 49. Koschorke erkennt in der »Figur des Dritten« die sich ausschließenden Möglichkeiten der »Irritation« oder der »Institution«, der Macht und der Gewalt, wie ich hinzufügen möchte. Diese beiden Möglichkeiten vereinen sich in Gewalt- und Machträumen jedoch nicht selten in ein und derselben (Kipp-) Figur des Dritten, des »Aufsehers«, »Treibers«, »Kapos«.

14 »Gewaltpersonal« ist ein treffender Begriff von Michael Zeuske, »Bericht. Literatur zur Sklaverei, zum Sklaven- und Kulihandel«, in: *Comparativ. Zeitschrift für Globalgeschichte und vergleichende Gesellschaftsforschung* 20, Heft 6 (2010), S. 171–187, hier: S. 178 f.

15 Zum »diagnostischen« Aspekt von Widerstand siehe Saidiya V. Hartman, *Scenes of Subjection. Terror, Slavers, and Self-Making in Nineteenth-Century America*, Oxford 1997, S. 56, S. 42; sowie Lila Abu-Lughod, »The Romance of Resistance: Tracing Transformations of Power through Bedouin Women«, in: *American Ethnologist* Vol. 17, No. I (1990), S. 41–55, hier: S. 42, S. 53.

16 Maurice Merleau-Ponty, *Les aventures de la dialectique*, Paris 1955, S. 269.

17 Saidiya V. Hartman, *Scenes of Subjection*, a. a. O., S. 65.

18 Hannah Arendt, *Vita activa oder Vom tätigen Leben*, München [6]2007, S. 42, S. 45, S. 39; vgl. dazu von der Verfasserin, »Haus und Verwandtschaft in der antiken politischen Philosophie. Kreuzfahrten der Lektüre mit Claude Lévi-Strauss«, in: *Allgemeine Zeitschrift für Philosophie* 36.1 (2011), S. 27–47.

19 Lars Clausen, *Produktive Arbeit, destruktive Arbeit. Soziologische Grundlagen*, Berlin/New York 1988, S. 70 ff., S. 72 ff. Clausen räumt mit mehr als nur einem Vorurteil über die angebliche »Produktivität« von Arbeit auf. Er unterscheidet zwischen der »spektakulär am Militärischen nachgeprüfte[n] Destruktion in der Arbeit« und der »Vernichtungsarbeit« in deutschen Konzentrations- und Vernichtungslagern sowie der Zwangsarbeit, ferner der völlig sinnlosen, ausschließlich zur Quälerei und Tötung von Menschen eingesetzten »Arbeit« in den deutschen Konzentrationslagern.

20 Saidiya V. Hartman, *Scenes of Subjection*, a. a. O., S. 65.

21 Das ist die in das Feld der politischen Philosophie übersetzte Beobachtung von Kathrin Busch: »In der abendländischen Philosophie gehört der Begriff der ›Passivität‹ sicherlich zu den am stärksten marginalisierten Konzepten.« Kathrin Busch, *P – »Passivität«*, Hamburg/Lüneburg 2012, S. 15, S. 20, S. 10 f. Buschs Analysen sind wegweisend für die zeitgenössischen Passivitätsdebatten, nicht zuletzt auf dem Kunstfeld. Siehe auch Kathrin Busch/Helmut Draxler (Hg.), *Theorien der Passivität*, München 2013.

22 Jacques Rancière, *Das ästhetische Unbewußte*, übersetzt von Ronald Vouillé, Berlin/Zürich 2006, S. 33, S. 17.

23 Edmund Husserl, *Analysen zur passiven Synthesis. Aus Vorlesungs- und Forschungsmanuskripten 1918–1926*, in: *Husserliana*, Bd. XI, herausgegeben von Margot Fleischer, Den Haag 1966.

24 Kathrin Busch spricht nicht von »passivem Widerstand«, sondern von »Passivität als Widerstandsform«. Kathrin Busch, *P – »Passivität«*, a. a. O., S. 15–19.

25 Birgit Nedelmann, »Gewaltsoziologie am Scheideweg. Die Auseinandersetzungen in der gegenwärtigen und Wege der künftigen Gewaltforschung«, in: Trutz von Trotha (Hg.), *Soziologie der Gewalt*, Opladen/Wiesbaden 1997, S. 59–85, hier: S. 64.

26 Mit der von Edmund Husserl entwickelten, von Maurice Merleau-Ponty, Jean-Paul Sartre, Emmanuel Lévinas, Bernhard Waldenfels u. a. akzentuierten Methode der Phänomenologie hat die »Phänomenologie der Gewalt« auf den ersten Blick wenig zu tun, allerdings ist in Vergessenheit geraten, dass der entscheidende, gerade auch soziologisch relevante Beitrag der Phänomenologie in ihren elaborierten Untersuchungen von »Interkulturalität«, »Intersubjektivität«, »Leiblichkeit«, »Fremderfahrung«, »Passsivität«, »Affekt« und »Affizierung«, »Bildlichkeit«, »Wahrnehmung«, »Erinnerung«, »Phantasie«, »Zeitbewusstsein«, »alltäglicher Lebenswelt« (allesamt von Husserl geprägte Begriffe) liegt. Hier eröffnet sich ein breites interdisziplinäres Arbeitsfeld, das mit den Arbeiten von Alfred Schütz, Thomas Luckmann und Thomas L. Berger noch nicht ausgeschöpft ist.

27 Thomas Lindenberger/Alf Lüdtke, »Einleitung. Physische Gewalt – eine Kontinuität der Modern«, in: dies. (Hg.), *Physische Gewalt. Studien zur Geschichte der Neuzeit*, Frankfurt a. M. 1995, S. 7–30.

28 Peter Imbusch, »Gewalt – Stochern in unübersichtlichem Gelände«, in: *Mittelweg 36* 2 (2000), S. 24–40, hier: S. 27.

29 Zur Gegenüberstellung von alter und neuer soziologischer Gewaltforschung siehe Birgit Nedelmann, »Gewaltsoziologie am Scheideweg «, a. a. O., S. 66, S. 59–85.

30 Wolfgang Sofsky, *Zeiten des Terrors. Amok. Terror. Krieg*, Frankfurt a. M. 2002, S. 13 f., S. 27.

31 Wolfgang Sofsky, *Traktat über die Gewalt*. Frankfurt a. M. 1996, S. 178.

32 Ebd., S. 181.

33 Ebd., S. 178–181. Im Kapitel »Absolute Gewalt« seiner intensiv rezipierten Habilitationsschrift *Die Ordnung des Terrors* schenkt Wolfgang Sofsky der Frage der Gegengewalt ebenfalls keine Beachtung (Wolfgang Sofsky, *Die Ordnung des Terrors, Das Konzentrationslager*, a. a. O., S. 27–40). Das trifft im Übrigen auch auf Elias Canettis

anthropologischen Roman *Masse und Macht* (Frankfurt a. M. [31]2003) zu, wie nicht zuletzt auf Hannah Arendt (s. u.).

34 Jan Philipp Reemtsma, *Vertrauen und Gewalt, Versuch über eine besondere Konstellation der Moderne*, Hamburg 2008, S. 104, S. 106, S. 108–112, S. 113–116, S. 116–124. In Bezug auf die »autotelische Gewalt« macht Reemtsma die »*individuelle Chance*« ausfindig, »*absolute Macht auszuüben: die schlechthin unbeschränkte Macht, die keinem Ziel mehr dient als ihr selbst*« (ebd., S. 133); er akzentuiert sie mit der Leidwahrnehmung des Opfers: »*– die Reduktion der gesamten Person auf das Leid – kann sich als so dramatisch erweisen, dass jede Gewalt als autotelisch wahrgenommen wird.*« (Ebd., S. 132)

35 Zur Transformation von »Gewaltarbeit« in »sanfte Gewalt« siehe Pierre Bourdieu, *Entwurf einer Theorie der Praxis auf der ethnologischen Grundlage der kabylischen Gesellschaft*, übersetzt von Cordula Pialoux und Bernd Schwibs, Frankfurt a. M. 1979, S. 357–371. Zur »kleinen Gewalt« wie der alltäglichen Ohrfeige in ihrer Verknüpfung mit den »Codes gewaltsamer Herrschaft« und mit »Gewalt-›Exzessen‹« siehe Alf Lüdtke, »Gewalt und Alltag im 20. Jahrhundert«, in: Wolfgang Bergsdorf/Dietmar Herz/Hans Hoffmeister (Hg.), *Gewalt und Terror. 11 Vorlesungen*, Weimar 2003, S. 35–52, hier: S. 43.

36 Christian Gudehus und Michaela Christ räumen zumindest ein, dass »Notwehr und Selbstverteidigung, gewaltfreier Widerstand und Nötigung, Suizid und Naturgewalten« zu den »Rändern« bzw. »Grenzbereiche[n]« der Gewaltforschung zählen. Christian Gudehus/Michaela Christ, »Gewalt – Begriffe und Forschungsprogramme«, in: dies., (Hg.), *Gewalt. Ein interdisziplinäres Handbuch*, Stuttgart 2013, S. 1–15, hier: S. 12 f.

IV. Widerstands- und Gewaltforschung *avant la lettre*

1 Norman R. Yetman, »Ex-Slaves Interviews and the Historiography of Slavery«, in: *American Quaterly* 36.2 (1984), S. 181–210, hier: S. 181.

2 John A. Lomax, »Supplementary Instructions #9-E to The American Guide Manual«, in: *Slave Narratives. A Folk History of Slavery in the United States from Interviews with Former Slaves*, by the Library of Congress Work Projects Administration, Washington 1941, S. xx-xxii, hier: S. xxii.

3 Emily Esten, *A Peculiar Project. Ethics and Analysis of the WPA Slave Narrative Collection of Oklahoma* (UMass Amherst, 2015), S. 2 f. {scua.library.umass.edu/umarmot/wp-content/uploads/FLURA-doc-2016-04.pdf}, letzter Zugriff am 04.03.2019.

4 Arlene L. Clift, *If Trees Would Talk: The Communication of Resistance in Ex-Slave-Narratives. Working Paper*, Cambridge, MA. The Mary Ingraham Bunting Institute of Radcliff College (1980), {files.eric.ed.gov/fulltext/ED221443.pdf}, letzter Zugriff am 04.03.2019.

5 Benjamin Botkin, Vorwort zu *Slave Narratives. A Folk History of Slavery in the United States from Interviews with Former Slaves*, a. a. O., S. v-x, hier: viii-ix; Emily Esten, *A Peculiar Project*, a. a. O., S. 2.

6 John A. Lomax, »Supplementary Instructions #9-E to The American Guide Manual«, a. a. O., S. xx.

7 Siehe Ira Berlin/Marc Favreau/Steven F. Miller, »Introduction. Slavery as Memory and History«, in: dies. (Hg.), *Remembering Slavery. African Americans talk about their personal experiences of slavery and emancipation*, New York 2007, S. xv-xlix, hier: S. xviii.

8 Zora Neale Hurston, *Barracoon. The Story of the Last ›Black Cargo‹*, London 2018; siehe jetzt auch *Barracoon. Die Geschichte des letzten amerikanischen Sklaven*, herausgegeben von Deborah G. Plant, übersetzt von Hans-Ulrich Möhring, München 2020.

9 Ich folge hier der Rezension von Sophia Lohmann, »›Barracoon‹-Raub. Deportation. Erzählung«, in: *Zeit Online*, 11. Juli 2018, S. 2.

10 Siehe Ira Berlin/Marc Favreau/Steven F. Miller (Hg.), *Remembering Slavery*, a. a. O., S. 268 f.

11 Ebd.

12 Donna J. Spindel, »Assessing Memory: Twentieth-Century Slave Narratives Reconsideres«, in: *The Journal of Interdisciplinary History* 27, No. 2 (1996), S. 247–261.

13 Dickson B. Bruce, Jr., »Slave Narratives and Historical Understanding«, in: John Ernest (Hg.), *The Oxford Handbook of the African American Slave Narrative*, Oxford 2014, S. 54–66, hier: S. 60.

14 Ulrich Bonnell Phillips, *American Negro Slavery. A Survey of the Supply, Employment and Control of Negro Labor as determined by the Plantation Régime*, New York/London 1929.

15 John Blassingame, *Slave Testimony*, Baton Rouge 1977; ders., *Slave Community*, New York 1979.

16 C. Vann Woodward, »History From Slave Sources«, in: *American Historical Review* 79, No. 2 (1979), S. 470–481.

17 Jeff Strickland, »Teaching the History of Slavery in the United States with Interviews: Born in Slavery: Slaves Narratives from the Federal Writers' Project 1936–1938«, in: *Journal of American Ethnic History* 33, No. 4 (2014), S. 41–48, hier: S. 42.

18 Terri L. Snyder, »Suicide, Slavery, and Memory in North America«, in: *The Journal of Ameican History* (Juni 2010), S. 39–62, hier: S. 39; Rhys Isaac, *Landon Carter's Uneasy Kingdom: Revolution and Rebellion on a Virginia Plantation*, New York 2004, S. 193.

19 John Blassingame, »Using the Testimony of Ex-Slaves«, in: Charles T. Davies/Henry Louis Gates Jr. (Hg.), *The Slave's Narratives*, New York 1985, S. 78–98, hier: S. 87 mit Hinweis auf J. Ralph Jones, »Portrait of Georgia Slaves«, in: *Georgia Review* 21 (1967), S. 268–273, hier: S. 271.

20 Jeff Strickland, »Teaching the History of Slavery in the United States with Interviews«, a. a. O., S. 43.

21 John Blassingame, »Using the Testimony of Ex-Slaves«, a. a. O., S. 91.

22 So die Einschätzung von Marie Jenkins Schwartz, »The WPA Narratives as Historical Sources«, in: John Ernest (Hg.), *The Oxford Handbook of the African American Slave Narrative*, a. a. O., S. 89–100, hier: S. 98.

23 Siehe dazu Ira Berlin/Marc Favreau/Steven F. Miller, »Introduction. Slavery as Memory and History«, a. a. O., S. xxii.

24 Benjamin Botkin, Vorwort zu *Slave Narratives: A Folk History of Slavery in the United States from Interviews with Former Slaves*, a. a. O, S. viii-ix.

25 August Meier/Elliott Rudwick, *Black History and the Historical Profession, 1915–1980*, Urbana/Chicago 1986, S. 29 f.; Paul Finkelman (Hg.), *Rebellions, Resistance, and Runaways within the Slave South*, New York/London 1989.

26 Herbert Aptheker, »American Negro Slave Revolts. Part 1«, in: *Science and Society* 1 (1937), S. 512–538, hier: S. 512; Herbert Aptheker, »American Negro Slave Revolts. Part 2«, in: *Science and Society* 1 (1938), S. 386–392.

27 Herbert Aptheker, *American Negro Slave Revolts*, New York 1943, S. 303.

28 Ebd., S. 11.

29 Ebd., S. 11, S. 187, S. 161, S. 69, S. 111 u.ö.

30 Herbert Aptheker, *Negro Revolts in the United States, 1526–1860*, New York 1939; Elizabeth Donnan (Hg.), *Documents Illustrative of the Slave Trade*, 4 vols., Washington, D. C.: Carnegie Institution 1930–1935; Helen T. Catterall (Hg.), *Judicial Cases Concerning American Slavery and the Negro*, 5 vols., Washington, D. C.: Carnegie Institution 1936.

31 Julie Kailin, »Toward Nonracist Historiography: The Early Work of Herbert Aptheker«, in: Herbert Shapiro (Hg.), *African American History and Radical Historiography.*

Essays in Honor of Herbert Aptheker, Minneapolis 1998, S. 19–38, hier: S. 29.

32 »The struggle of the Negro for his liberty, beginning with those dark days on the slave-ship, was far from sporadic in nature, but an ever-recurrent battle waged everywhere with desperate courage against the bonds of his master.« Harvey Wish, »American Slave Insurrections before 1861«, in: *The journal of Negro History* 22/3 (1937), S. 299–320, hier: S. 320, S. 301 f. Der Autor weist nicht zuletzt auf Hungerstreiks, Melancholie und Suizide als Widerstandspassivierungen bereits auf den Sklavenschiffen hin.

33 Joseph Cephas Carroll, *Slave Insurrections in the United States,1800–1856*, Boston 1938.

34 Kenneth W. Porter, »Florida Slaves and Free Negroes in the Seminole War, 1825–1842«, in: *The journal of Negro History* 28.4 (1943), S. 390–421.

35 Melville J. Herskovits, »The Cattle Complex in East Africa«, in: *American Anthropologist*, Bd. 28, Nr. 1 (1926), S. 230–272.

36 Melville J. Herskovits, *The Myth of the Negro Past*, London/New York 1941. Jerry Gershenhorn, *Melville J. Herskovits and the Racial Politics of Knowledge*, Lincoln/London 2007.

37 Paul Gilroy, »The Black Atlantic as a Counterculture of Modernity«, in: ders. *The Black Atlantic, Modernity and Double Consciousness*, Cambridge/MA 1993, S. 1–40.

38 Siehe dazu Scot French, *The Rebellious Slave. Nat Turner in American Memory*, Boston/New York 2004, S. 208.

39 Franklin Frazier, *The Free Negro Family: a Study of Family Origins Before the Civil War*, Nashville 1932.

40 Frederic Bancroft, *Slave Trading in the Old South, Baltimore* 1931.

41 Dickson B. Bruce, Jr., »Slave Narratives and Historical Understanding«, a. a. O., S. 60 f.

42 Solomon Northup, *Zwölf Jahre ein Sklave*, Altenmünster 2014, S. 396, S. 102, S. 120. »Ich bekam eine Peitsche und

die Anweisung, sie jedem zu geben, der untätig herum stand. Sollte ich dies nicht beherzigen, gab es eine zweite, die für meinen Rücken bestimmt war. […] [W]ährend meiner acht Jahre als Treiber habe ich gelernt, die Peitsche mit wundersamer Fingerfertigkeit und Genauigkeit zu gebrauchen. Ich konnte sie in Haaresbreite eines Rückens, eines Ohrs und einer Nase schlagen, ohne mein Ziel auch nur zu berühren. Wenn ich Epps aus der Entfernung sehen konnte, oder wir Grund zu der Annahme hatten, daß er irgendwo in der Nähe herumschlich, ließ ich die Peitsche energisch fliegen und die Sklaven schrien und wanden sich – wie vorher besprochen –, obwohl keinem von ihnen auch nur ein Haar gekrümmt worden war.«

43 Frederick Douglass, *Narrative of the Life of Frederick Douglass, 1817–1895*, Boston 1845, S. 8; Raymond A. Bauer/Alice H. Bauer, »Day to Day Resistance to Slavery«, in: *The Journal of Negro History*, Vol. 27, No 4 (1942), S. 388–419, hier: S. 391.

44 Die beiden Bauers hatten ihr Papier *Day to Day Resistance to Slavery* erstmals im Seminar von Herskovits vorgestellt: »Herskovits encouraged students and colleagues to analyze slavery in the United States from the slave's perspective.« Jerry Gershenhorn, *Melville J. Herskovits and the Racial Politics of Knowledge*, a. a. O., S. 141 f.

45 Siehe dazu auch Albert Wirz, *Sklaverei und kapitalistisches Weltsystem*, Frankfurt a. M. 1984, S. 165; Terri L. Snyder hat dem Suizid ein eigenes und historisch höchst ertragreiches Buch gewidmet, sie steht einer Deutung des Suizids als Widerstandshandlung jedoch reserviert gegenüber: Terri L. Snyder, *The Power to Die. Slavery and Suicide in British North America*, a. a. O., S. 18.

46 Raymond A. Bauer/Alice H. Bauer, »Day to Day Resistance to Slavery«, a. a. O., S. 404.

47 Raymond A. Bauer/Alice H. Bauer, »America, Mass Society, and Mass Media«, in: *Journal of Social Issues* 16, No. 3 (1960), S. 3–66.

48 Zu den programmatischen Überlegungen eines »multidirektionalen Erinnerns« nach 1945, das im Hinblick auf die Sklaverei und die Segregation in den USA sowie auf den Kolonialismus und den Holocaust nicht in einem »kompetitiven«, sondern vielmehe in einem »relationalen« Sinne verstanden werden müsse, siehe die wegweisende und vielrezipierte Studie von Michael Rothberg, *Multidirectional memory. Remembering the Holocaust in the age of decolonization*, Stanford/CA 2009, S. 1–29. Siehe jetzt auch die deutsche Ausgabe *Multidirektionale Erinnerung. Holocaustgedenken im Zeitalter der Dekolonialisierung*, übersetzt von Max Henninger, Berlin 2021.

49 Simon Dubnow, *Weltgeschichte des jüdischen Volkes von seinen Uranfängen bis zur Gegenwart.* Band. 1: *Die älteste Geschichte des jüdischen Volkes. Orientalische Periode. Von der Entstehung des Volkes Israel bis zum Ende der persischen Herrschaft in Judäa*, Berlin 1925, S. XV.

50 Cecile Esther Kuznitz, *YIVO and the Making of Modern Jewish Culture: Scholarship for the Yiddish Nation*, Cambridge 2014, S. 27.

51 Elisabeth Gallas, »Rezension von Cecile E. Kurnitz: *YIVO and the Making of Modern Jewish Culture. Schorlarship fort he Yiddish Nation* (New York 2014)«, in: *Medaon* 9 (2015), Heft 16, S. 1–4, hier: S. 1 f.

52 Anke Hilbrenner, »Simon Dubnow war eine Art intellektueller Pate: Das YIVO in Wilna und Dubnows Aufruf zur Arbeit am nationalen Gedächtnis«, in: Marina Dmitrieva/Heidemarie Petersen (Hg.), *Jüdische Kultur(en) im Neuen Europa, Wilna 1918–1939*, Wiesbaden 2004, S. 147–162, siehe dazu Birgitt Wagner, »Jüdische Gesellschaft im Mittelpunkt. ›Ghetto‹ und ›Judenrat‹ als Themen der frühen englischsprachigen Holocaustforschung«, in: *PaRDeS. Zeitschrift der Vereinigung für Jüdische Studien e.V.* 17 (2011), S. 53–70, hier: S. 61. Der Artikel von Birgitt Wagner basiert auf ihrer Diplomarbeit *Der Holocaust vor der Bezeichnung ›Holocaust‹. Wege zur wissenschaftlichen*

Auseinandersetzung mit der Vernichtung der europäischen Jüdinnen und Juden in der englischsprachigen Forschung 1940–1960 (Universität Wien, 2010). {core.ac.uk/download/pdf/11589235.pdf}, letzter Zugriff am 27.02.2019.

53 Marek Web, »The Story of YIVO's Polish Jewish Archive«, YIVO Institute for Jewish Research, 2013, S. 6, {polish-jews.yivoarchives.org/YIVO-GL-Story-of-YIVOs-Polish-Jewish-Archive.pdf}, letzter Zugriff am 19.03.2019.

54 Cecile Esther Kuznitz, *YIVO and the Making of Modern Jewish Culture: Scholarship for the Yiddish Nation*, S. 71–99.

55 Ebd., S. 69.

56 Ebd., S. 77 f.

57 *Der pinkes. Yohrbukh far der geshikhte fun der yudisher literatur un shprakh, far folklor, kritik un biblyografye*, Wilna 1912/13. Cecile Ester Kuznitz, »›YIVO‹«, in: *YIVO Encyclopedia of Jews in Eastern Europe*, 10. November 2010, {www.yivoencyclopedia.org/article.aspx/YIVO}, letzter Zugriff am 23.02.2019.

58 Max Weinreich, »Ein Jiddisches Wissenschaftliches Institut«, in: *Zeitschrift der Deutschen Morgenländischen Gesellschaft*. Neue Folge, Bd. 5 (Bd. 80), Leipzig 1926, S. 68–70; wiederabgedruckt in: Jüdisches Museum Frankfurt, *SCHTARKER FUN AJSN. Konzert- und Theaterplakate aus dem Wilnaer Getto 1941–1943*, Frankfurt a. M. 2002, S. 117–119.

59 Cecile Ester Kuznitz, »›YIVO‹«, a. a. O.

60 Max Weinreich, »Ein Jiddisches Wissenschaftliches Institut«, a. a. O., S. 117 f.

61 Gudrun Schröter, *Worte aus einer zerstörten Welt: das Ghetto Wilna*, St. Ingbert 2008, S. 40, Anm. 91.

62 Cecile Ester Kuznitz, »›YIVO‹«, a. a. O.; siehe auch Markus Roth/Andrea Löw, *Das Warschauer Getto. Alltag und Widerstand im Angesicht der Vernichtung*, München 2013, S. 55.

63 Cecile Ester Kuznitz, »›YIVO‹«, a. a. O.

64 Ebd.

65 Gudrun Schröter, *Worte aus einer zerstörten Welt: das Ghetto Wilna*, a. a. O., S. 38 f.

66 Zur starken Besetzung des Bezeugens in der jüdischen Tradition siehe Daniel Krochmalnik, »Pflicht Nr. 122. Das Zeugnisgebot (Mizwat Edut) in Geschichte und Gegenwart«, in: Fritz-Bauer-Institut (Hg.), *Zeugenschaft des Holocaust. Zwischen Trauma, Tradierung und Ermittlung*, Frankfurt a. M./New York 2007, S. 19–32.

67 Zitiert nach Andrea Löw, »Chronisten der ›Lebenswelt Ghetto‹. Dokumentationstätigkeit in den Ghettos Litzmannstadt und Warschau«, in: Imke Hansen/Katrin Steffen/Joachim Tauber (Hg.), *Lebenswelt Ghetto. Alltag und soziales Umfeld während der nationalsozialistischen Verfolgung*, Wiesbaden 2013, S. 310–329, hier: S. 313.

68 Emanuel Ringelblum, *Kronika getta warszawskiego. Wrzesień 1939 – styczeń 1943*, herausgegeben von Artur Eisenbach, Warszawa 1983, S. 471; zitiert nach Markus Roth/Andrea Löw, *Das Warschauer Getto*, a. a. O., S. 53.

69 James E. Young, *Beschreiben des Holocaust. Darstellung und Folgen der Interpretation*, übersetzt von Christa Schuenke, Frankfurt a. M. 1992, S. 33. Young erinnert an »das Wiedererwachen der jüdischen Historiographie im sechzehnten Jahrhundert vor allem durch die massenhafte Vertreibung der Juden von der iberischen Halbinsel […] Und wie die jüdische Geschichtsschreibung durch eine Katastrophe wiederbelebt wurde, so haben viele andere Katastrophen sie am Leben erhalten: daher die wahre Explosion der jüdischen Historiographie im Gefolge des Holocaust.« Siehe auch Lawrence Langer, *The Holocaust and the Literary Imagination*, New Haven 1975; ders., *Holocaust-Testimonies: The Ruin of Memory*, New Haven 1991; Harold Marcuse, »Holocaust Memorials: The Emergence of a Genre«, in: *The American Historical Review*, Vol. 115, No. 1 (2010), S. 53–89.

70 Georges Didi-Huberman, *Wenn die Bilder Position beziehen. Das Auge der Geschichte I*, übersetzt von Markus Sedlaczek, München 2011, S. 32.

71 Gudrun Schröter, »Konzert- und Theaterplakate aus dem Wilnaer Ghetto 1941 – 1943. SHTARKER FUN AJSN«, {www.juden-in-europa.de/baltikum/wilnaer-ghetto.htm}, letzter Zugriff am 28.2.2019.

72 Die Chronik Hermann Kruks umfasste insgesamt 757 Seiten, von denen 510 gerettet wurden. 380 Seiten erreichten 1948 das YIVO in New York, weitere 130 Seiten gelangten 1959 nach Yad Vashem. Dazu Gudrun Schröter, *Worte aus einer zerstörten Welt: das Ghetto Wilna*, a. a. O., S. 39, Anm. 89.

73 Hermann Kruk, »Getto-Bibliothek und Getto-Leser« (Wilnaer Getto, September 1942). Der Bericht befindet sich im Archiv des »Jidischer wisnschaftlecher Institut« (YIVO) in New York, übersetzt von Maria Kühn-Ludewig, in: Jüdisches Museum Frankfurt, *SCHTARKER FUN AJSN. Konzert- und Theaterplakate aus dem Wilnaer Getto 1941–1943*, a. a. O., S. 222–238.

74 Gudrun Schröter, *Worte aus einer zerstörten Welt: das Ghetto Wilna*, a. a. O., S. 41.

75 Hermann Kruk, »Getto-Bibliothek und Getto-Leser«, a. a. O., S. 229.

76 Ebd., S. 230.

77 Markus Roth/Andrea Löw, *Das Warschauer Getto*, a. a. O., S. 52–64.

78 Samuel D. Kassow, *Ringelblums Vermächtnis. Das geheime Archiv des Warschauer Ghettos*, Reinbek 2010, S. 468.

79 Ebd., S. 472 f.

80 Samuel D. Kassow, *Ringelblums Vermächtnis*, a. a. O., S. 15.

81 Markus Roth/Andrea Löw, »*Das Warschauer Getto*, a. a. O., S. 61.

82 Zitiert nach Samuel D. Kassow, *Ringelblums Vermächtnis*, a. a. O., S. 226.

83 Alfons Kenkmann/Elisabeth Kohlhaas, »Frühe Zeugnisse über den Holocaust: die Befragungen von Kindern in Polen nach der Befreiung von der deutschen Herrschaft«, in: *BIOS – Zeitschrift für Biographieforschung, Oral History*

und Lebensverlaufsanalysen 23/1 (2010), S. 138–152, hier: S. 139.

84 Simon Dubnow, *Jidische geschichte far schul un hejm*, Bd. 1, Riga 1934, S. 5: »Zu der zweitjer oißgabe«, siehe Marion Aptroot, »Einführung«, in: Simon Dunbow, *Jüdische Geschichte – für Kinder erzählt*, übersetzt von Jutta Schumacher, herausgegeben von Marion Aptroot, Göttingen 2012, S. 11–19, hier: S. 15.

85 Markus Roth/Andrea Löw, »*Das Warschauer Getto*, a. a. O., S. 60, S. 64.

86 Laura Lockusch, *Collect and Record! Jewish Holocaust Documentation in Early Postwar Europe*, Oxford/New York 2012, S. 95.

87 Alfons Kenkmann/Elisabeth Kohlhaas, »Frühe Zeugnisse über den Holocaust: die Befragungen von Kindern in Polen nach der Befreiung von der deutschen Herrschaft«, a. a. O., S. 139.

88 Ebd., S. 141.

89 Ebd.

90 Die 130 Interviews, die der Psychologe David P. Boder mit vorwiegend jüdischen *displaced persons*, zumeist ehemaligen KZ-Häftlingen, Frauen und Männer, von Juli bis Obtober 1946 an 16 Orten in Europa mit einem *tape wire recorder* durchführte, waren daher wohl nicht »die ersten Holocaust Oral Histories«, wie Jan Taubitz annimmt. Jan Taubitz, *Holocaust Oral History und das lange Ende der Zeitzeugenschaft*, Göttingen 2016, S. 56 f. Acht davon sind 2011 erstmals in deutscher Übersetzung erschienen (darunter drei, die Boder selbst in deutscher Sprache geführt hat). David P. Boder, *Die Toten habe ich nicht befragt.* Deutsche Erstausgabe, herausgegeben von Julia Faisst, Alan Rosen und Werner Sollors, 2., überarbeitete Auflage, Heidelberg 2012.

91 Alfons Kenkmann/Elisabeth Kohlhaas, »Frühe Zeugnisse über den Holocaust: die Befragungen von Kindern in Polen nach der Befreiung von der deutschen Herrschaft«, a. a. O.,

S. 142. In den 1990er Jahren auch in englischer Übersetzung, die Interviews gerieten in Vergessenheit; siehe jedoch die von Feliks Tych, Alfons Kenkmann, Elisabeth Kohlhaas und Andreas Eberhardt herausgegebenen 55 Überlebendenberichte polnischer Kinder in deutscher Übersetzung: *Kinder über den Holocaust*, Berlin 2008 sowie Alfons Kenkmann/Elisabeth Kohlhaas/Astrid Wolters, »*Vor Tieren hatten wir keine Angst, nur vor Menschen«. Kinder über den Holocaust in Polen. Didaktische Materialien*, Münster 2009.

92 Laura Jockusch, »›Jeder überlebende Jude ist ein Stück Geschichte‹. Zur Entwicklung von Zeugenschaft vor und nach dem Holocaust«, in: Martin Sabrow/Norbert Frei (Hg.), *Die Geburt des Zeitzeugen nach 1945*, Göttingen 2012, S. 113–144, hier: S. 138 f. Der Fragebogen ist in deutscher Übersetzung abgedruckt in Feliks Tych/Alfons Kenkmann/Elisabeth Kohlhaas/Andreas Eberhardt, *Kinder über den Holocaust*, a. a. O., S. 285–292.

93 Alfons Kenkmann/Elisabeth Kohlhaas, »Frühe Zeugnisse über den Holocaust: die Befragungen von Kindern in Polen nach der Befreiung von der deutschen Herrschaft«, a. a. O., S. 145.

94 Ebd., S. 148 bzw. Alfons Kenkmann/Elisabeth Kohlhaas/Astrid Wolters, »*Vor Tieren hatten wir keine Angst, nur vor Menschen«. Kinder über den Holocaust in Polen*, a. a. O., S. 61 f.

95 AŻIH, 303/XX.38, Audycja radiowa z dnia 16 marca 1946. Przemówienie wstępne Izy Lauer (Rundfunksendung vom 16. März 1946. Einführung von Iza Lauer), zitiert nach Feliks Tych/Alfons Kenkmann/Elisabeth Kohlhaas/Andreas Eberhardt (Hg.), *Kinder über den Holocaust*, a. a. O., S. 10.

96 Alfons Kenkmann/Elisabeth Kohlhaas, »Frühe Zeugnisse über den Holocaust: die Befragungen von Kindern in Polen nach der Befreiung von der deutschen Herrschaft«, a. a. O., S. 148; sowie Feliks Tych/Alfons Kenkmann/Elisabeth Kohlhaas/Andreas Eberhardt (Hg.), *Kinder über den Holocaust*, a. a. O., S. 277.

97 »Bericht von der zweiten wissenschaftlichen Beratung der Zentralen Historischen Kommission in Polen, 19. und 20. September 1945«, Lodz 1945, *Archiv des Jüdischen Historischen Instituts Warschau* (*ŻIH*) 303/XX/27, zitiert nach Alfons Kenkmann/Elisabeth Kohlhaas, »Frühe Zeugnisse über den Holocaust: die Befragungen von Kindern in Polen nach der Befreiung von der deutschen Herrschaft«, a. a. O., S. 145.

98 Alfons Kenkmann/Elisabeth Kohlhaas, »Frühe Zeugnisse über den Holocaust: die Befragungen von Kindern in Polen nach der Befreiung von der deutschen Herrschaft«, a. a. O., S. 147.

99 Laura Jockusch, »›Jeder überlebende Jude ist ein Stück Geschichte‹. Zur Entwicklung von Zeugenschaft vor und nach dem Holocaust«, a. a. O., S. 138 f.

100 Als Literaturwissenschaftler untersuchte Nachman Blumental die nationalsozialistische Sprache und deren Idiome; siehe Nachman Blumental, *Słowa niewinne* [Unschuldige Wörter], Krakow/Lodz, Warzawa 1947; ders., »On the Nazi Vocabulary«, in: *Yad Vashem Studies* 1 (1957), S. 49–66; ders., »From the Nazi Vocabulary«, in: *Yad Vashem Studies* (1967), S. 69–82. Er regte Joseph Wulf zu seinen philologischen Untersuchungen der Nazi-Sprache an. Joseph Wulf, *Aus dem Lexikon der Mörder: »Sonderbehandlung« und verwandte Worte in Dokumenten*, Gütersloh 1963; Saul Esh, »Words and their Meanings: 25 Examples of Nazi Idiom«, in: *Yad Vashem Studies* 5 (1963), S. 133–168.

101 Laura Jockusch, »›Jeder überlebende Jude ist ein Stück Geschichte‹. Zur Entwicklung von Zeugenschaft vor und nach dem Holocaust«, a. a. O., S. 139.

102 Nella Rost, *Badanie zbrodni, która nigdy nie przeminie*, S. 1–3, Zentralarchiv zur Erforschung der Geschichte der Juden in Deutschland, Heidelberg, B.2/I.C, Nr. 527, zitiert nach Laura Jockusch, »›Jeder überlebende Jude ist ein Stück Geschichte‹. Zur Entwicklung von Zeugenschaft vor und nach dem Holocaust«, a. a. O., S. 139.

103 Ebd., S. 140.

104 Philip Friedman, »Die Probleme der wissenschaftlichen Erforschung der letzten Katastrophe«, in: *Archiv des Centre de Documentation Juive Contemporaine Paris* (Ordner 13), S. 5, zitiert nach Laura Jockusch, »Chronisten der Zerstörung. Jüdische Historische Kommissionen und Dokumentationszentren und die Anfänge der Holocaustforschung aus jüdischer Perspektive im Nachkriegseuropa«, in: René Bienert/Rebecca Boehling/Susanne Urban (Hg.), *Freilegungen: Überlebende – Erinnerungen – Transformationen*, Göttingen 2013, S. 152–S.172, hier: S. 152 f.

105 Solomon F. Bloom, »Toward the Ghetto Dictator«, in: *Jewish Social Studies* 12 (1950), S. 73–78.

106 Samuel Gringauz, »Some Methodological Problems in the Study oft he Ghetto«, in: *Jewish Social Studies* 12 (1950), S. 65–72, hier: S. 58.

107 Siehe dazu Birgitt Wagner, »Jüdische Gesellschaft im Mittelpunkt«, a. a. O., S. 58, der ich hier folge.

108 Elisabeth Gallas, »Frühe Holocaustforschung in Amerika. Dokumentation, Zeugenschaft und Begriffsbildung«, in: *Jahrbuch des Simon-Dubow-Instituts/Simon Dubnow Institute Yearbook* 15 (2016), S. 535–569, hier: S. 554.

109 Cecile Ester Kuznitz, »›YIVO‹«, a. a. O.

110 Siehe dazu den instruktiven Sammelband von Regina Fritz/Eva Kovács/Béla Rásky (Hg.), *Als der Holocaust noch keinen Namen hatte. Before the Holocaust had its Name: Zur frühen Aufarbeitung des NS-Massenmords an Jüdinnen und Juden. Early Confrontations of the Nazi Mass Murder of the Jews*, Wien 2016, insbesondere den Artikel zur politischen Bedeutung des Holocaust für die Bürgerrechtsbewegung und die Sorge, dass sich dies in Amerika mit den Afroamerikanern wiederholen könnte, von S. Jonathan Wiesen, »On Dachau and Jim Crow. Holocaust Memory in the Postwar African American Press«, ebd., S. 111–131. Jan Mollenhauer richtet in seinem Dissertationsvorhaben *Spektrale Montagen* (Humboldt-Universität zu Berlin) das

Augenmerk auf die »multidirektionale Erinnerungskultur« im Sinne Michael Rothbergs. Im Mittelpunkt steht der afroamerikanische Fotograf William A. Scott, der die Befreiung des Konzentrationslagers Buchenwald durch die amerikanische Armee und die dort vorgefunden »Leichenberge« ermordeter Häftlinge fotografisch dokumentiert hat. Mollenhauer untersucht das »american dilemma«, demzufolge afroamerikanische Soldaten im II. Weltkrieg gegen das rassistische NS-Regime kämpften und zugleich selbst rassistischer Diskriminierung innerhalb der segregierten Armee und in den USA ausgesetzt waren, nicht zuletzt vor dem Hintergrund der Gewalt- und pornografischen Bildgeschichte des Lynchens.

111 Roni Stauber, *Laying the Foundations for Holocaust Research – The Impact of Philip Friedman*, Göttingen 2010.

112 Elisabeth Gallas, »Frühe Holocaustforschung in Amerika«, a. a. O., S. 541.

113 Jacob Robinson/Philip Friedman, *Guide To Jewish History Under Nazi Impact*. Biographical Series No. 1, New York 1960, S. XVII.

114 Marc Caplan, »Khurbn«, in: Dan Diner (Hg.), *Enzyklopädie jüdischer Geschichte und Kultur*, Bd. 3: *He–Lu*, Stuttgart/Weimar 2012, S. 341–345. »Die jiddischsprachige Holocaust-Literatur gehört zur frühesten dieses Genres und weist spezifische Charakteristika auf. So wurde die Vernichtung des europäischen Judentums im Jiddischen als *khurbn* (›Zugrunderichten‹, ›Zerstörung‹) benannt – eine Bezeichnung, die auf die Zerstörung des Jerusalemer Tempels (586 v.d.Z. und 70 d.Z.) zurückgeführt wird.«

115 Hasia R. Diner, *We Remember with Reverence and Love. American Jews and the Myth of Silence after the Holocaust 1945–1962*, New York 2009; sowie dies., »No Generation of Silence. American Jews and the Holocaust in the Post-War-Years«, in: Regina Fritz/Eva Kovács/Béla Rásky (Hg.), *Als der Holocaust noch keinen Namen hatte*, a. a. O., S. 135–147.

116 Hannah Arendt, »Konzentrationsläger«, in: *Die Wandlung.*

Eine Monatsschrift, Dritter Jahrgang, Viertes Heft (1948), unter Mitwirkung von Karl Jaspers, Marie Luise Kaschnitz und Alfred Weber, herausgegeben von Dolf Sternberger, S. 309–330, hier: S. 327. Siehe auch Hannah Arendt, *Elemente und Ursprünge totaler Herrschaft. Antisemitismus, Imperialismus, totale Herrschaft*, von der Autorin übersetzt und durchgesehen, München/Zürich [14]2011, S. 907–943.

117 Hannah Arendt, »Konzentrationsläger«, a. a. O., S. 326.

118 Ebd.

119 Raul Hilberg, *Die Vernichtung der europäischen Juden*, Bd. 2, übersetzt von Hans Günther Holl, Frankfurt a. M. [3]1992, S. 518 ff. Zum schwierigen Verhältnis Hilbergs zu Arendt, ihre unterschiedliche Einschätzung Eichmanns einerseits, der Judenräte andererseits siehe Raul Hilberg, *Unerbetene Erinnerung. Der Weg eines Holocaust-Forschers*, übersetzt von Hans-Günter Holl, Frankfurt a. M. 1994, S. 129 ff.; sowie Ursula Ludz, »In den Untiefen des Allzumenschlichen«, in: *HannahArendt.net. Zeitschrift für politisches Denken*, 1/2, Bd. 6 (Nov. 2011), {www.hannaharendt.net/index.php/han/article/view/17/86}, letzter Zugriff 27.02.2019.

120 Yehuda Bauer, *Jüdische Reaktionen auf den Holocaust*, Berlin 2012, S. 119–126, hier: S. 124.

121 Sigmund Freud, »Über Deckerinnerungen«, in: GW, Bd. I, Frankfurt a. M./London 1951, S. 529–545.

122 Hasia R. Diner, *We Remember with Reverence and Love*, a. a. O., S. 309.

123 Martin Broszat, »Holocaust und die Geschichtswissenschaft«, in: *Vierteljahrshefte für Zeitgeschichte* 27 (1979), S. 285–298, hier: S. 289–293; siehe Elisabeth Gallas, »Frühe Holocaustforschung in Amerika«, a. a. O., S. 554, Anm. 17. Das perspektivisch und methodisch Trennende zwischen jüdischer Holocaust-Forschung, die die individuelle Erinnerung der Überlebenden und das Gedächtnis der Opfer nicht restlos in Geschichte übersetzt, und westdeutscher »Historisierung des Nationalsozialismus«, die wähnt, durch ihre eigene »Zugehörigkeit zur Hitler-

jugend« nicht kompromittiert und zu gewissermaßen sachlicher Geschichtsschreibung befugt zu sein, wird in dem zwischen September und Dezember 1987 geführten Briefwechsel zwischen Saul Friedman und Martin Broszat plastisch greifbar. Martin Broszat/Saul Friedländer, »Diskussion um die ›Historisierung des Nationalsozialismus‹. Ein Briefwechsel«, in: *Vierteljahresschrift für Zeitgeschichte*, Jg. 36 (1988), Heft 2, S. 339–372. Nicht zuletzt anhand der Ablehnung der Pionierarbeiten Joseph Wulfs und Léon Poliakovs hat Nicolas Berg in *Der Holocaust und die westdeutschen Historiker* (Göttingen 2003, S. 343) die Ausgrenzung der jüdischen Holocaust-Forscher durch prominente Akteure der bundesdeutschen Geschichtswissenschaft untersucht. Im Vorgehen Martin Broszats gegen Joseph Wulf, jüdischer Widerstandskämpfer und Auschwitz-Überlebender, »offenbart sich die Überzeugung Broszats, daß eine gerechte Darstellung der Judenvernichtung nicht jüdischen Überlebenden überlassen werden kann.« Saul Friedländer hat demgegenüber das Konzept der »integrierten Holocaustgeschichte« entwickelt, die die »Komplexität und wechselseitige Verflochtenheit der gewaltigen Zahl von Komponenten« berücksichtigt: Die Holocaust-Forschung lasse sich nicht auf deutsche Maßnahmen und Entscheidungen beschränken, sondern müsse alle Akteure, Behörden und Institutionen sowie »unterschiedliche gesellschaftliche Gruppen der besetzten Länder und der Satellitenstaaten im von Deutschen besetzten Europa« berücksichtigen. Es sei zumal »offenkundig, dass in jedem Stadium jüdische Wahrnehmungen und Reaktionen (ob kollektiv oder individuell) ein untrennbarer Bestandteil dieser Geschichte waren und man sie somit im Hinblick auf eine allgemeine historische Darstellung nicht als separaten Teil ansehen kann.« Saul Friedländer, »Eine integrierte Geschichte des Holocaust«, in: *Aus Politik und Zeitgeschichte* 14–15 (2007), S. 7–14; ders., *Den Holocaust beschreiben. Auf dem Weg zu einer integrativen Geschichte*, Göttingen

2007, S. 7–27. Für den Hinweis auf Friedländers Konzept sowie für Gewalt- und Widerstandsgespräche danke ich herzlich Michael Wildt.

124 Martin Broszat, »Holocaust und die Geschichtswissenschaft«, a. a. O., S. 289.

125 Zur jüdischen Gattung der »khurbn«, der »Literatur der Zerstörung«, siehe Philip Friedman, »Research and Literature on the recent Jewish tragedy«, in: *Jewish Social Studies* 12 (1950), S. 17–26, hier: S. 17 ff. sowie Elisabeth Gallas, »Frühe Holocaustforschung in Amerika«, a. a. O., S. 557 f.

126 Mary Berg (Miriam Wattenberg), *Warsaw Ghetto. A Diary*, übersetzt von Norbert Gutermann, herausgegeben von S.L. Schneidermann, New York 1945.

127 Martin Broszat, »Holocaust und die Geschichtswissenschaft«, a. a. O., S. 291.

128 Ebd., S. 287.

129 Eine Ausnahme bildete die XXXI. Tagung der Forschungsgemeinschaft 20. Juli 1944 »Mit jedem Leben, das wir retteten, bekämpften wir Hitler!« – Jüdischer Widerstand und der Widerstand und die Juden, Bonn 16.02.–18.02.2018.

130 Yehuda Bauer, *Die dunkle Seite der Geschichte. Die Shoah aus historischer Sicht. Interpretationen und Re-Interpretationen*, Frankfurt a. M. 2001, S. 153–181. Antje Yahel Deusel, »Amida«, in: Lexikon Bibelwissenschaft, https://www.bibelwissenschaft.de/wibilex/das-bibellexikon/lexikon/sachwort/anzeigen/details/amida/ch/b0701e0bf7ad52936b62a099be20d435/}, letzter Aufruf 25.3.2019: »Die Amida (»Stehgebet«) bezeichnet das Hauptgebet in der jüdischen Liturgie. Sie wird auch »Schmone Essre«, Achtzehn-(Bitten-)Gebet, genannt, wobei sie an Wochentagen neunzehn, am Schabbat und an Feiertagen sieben Bitten enthält. Da sie den Hauptteil von Morgen-, Nachmittags- und Abendgebet darstellt, wird sie im Talmud auch einfach »das Gebet«, ha-Tefila, genannt. Man spricht die Amida nach innerer Sammlung, mit Andacht (Kavana), im Stehen, mit geschlossenen Beinen (Babylonischer

Talmud, Traktat Berakhot 10b; und keinesfalls von Reden unterbrochen. Das erstrebte Maß an innerer Konzentration sei, so der Talmud (Berakhot 30b.33a), derart hoch, dass man das Gebet selbst dann nicht unterbreche, wenn sich eine Schlange um seine Ferse windet.« Für den Hinweis auf die rituelle Bedeutung danke ich herzlich Liliana Feierstein.

131 Yehuda Bauer, *Die dunkle Seite der Geschichte*, a. a. O., S. 173, S. 164. Im Ghetto in Wilna fand am 4.5.1942, begleitet von kontroversen Debatten darüber, ob ein Theater überhaupt, wie es hieß, auf einem Friedhof gegründet werden könne, das erste Konzert statt, so Gudrun Schroeter, »Jüdischer Widerstand in Ghettos 1939–1944«, in: *Lernen aus der Geschichte*. Magazin vom 20. Januar 2010, S. 6–7. »In Erinnerungen und Memoiren ist dokumentiert, dass viele Menschen, die den entmenschlichten und hoffnungslosen Bedingungen ausgesetzt waren, diese Ruhestunde des Konzerts als fast sakrales Erlebnis empfanden. Avrom Sutzkewer beschreibt die Stimmung des ersten Abends, dass jeder Klang der Ermordeten gemahnte, ›[…] MENTSHN SAYNEN GESHTANEN, WI ME SHTEYT LEBN AN OFFENEM KEYWER.‹ In den ersten Monaten der Existenz des Theaters wurden Themen der jüdischen Literatur, Werke von Aleiychem, Perez oder Bialik gespielt, dann kamen eigene Produktionen aus dem Ghetto dazu.« Gudrun Schroeter, »Konzert- und Theaterplakate aus dem Wilnaer Ghetto 1941–1943«. {www.juden-in-europa.de/baltikum/wilnaer-ghetto.htm}, letzter Zugriff am 19.5. 2018.

132 Yehuda Bauer, *Jüdische Reaktionen auf den Holocaust*, a. a. O., S. 77. Im Mittelalter sei es das Ziel der Feinde und Unterdrücker der Juden gewesen, sie von ihrem Glauben abzubringen, die darauf mit der »Heiligung des Namens Gottes« und der Parole geantwortet hätten: »Man kann uns das Leben nehmen, aber nicht die Seele.«

133 Martin Gilbert, *The Holocaust: The Jewish Tragedy*, London

1986, S. 174, dazu Esther Gitman, »Courage to Resist. Jews of the Independent State of Croatia Fight back«, in: Julius H. Schoeps/Dieter Bingen/Gideon Botsch (Hg.), *Jüdischer Widerstand in Europa (1933–1945). Formen und Facetten*, Berlin/Boston 2018, S. 106–125, hier: S. 108.

134 Ágnes Rózsa, »Solange ich lebe, hoffe ich«, in: Michael Diefenbach/Gerhard Jochem (Hg.), *»Solange ich lebe, hoffe ich«. Die Aufzeichnungen des ungarischen KZ-Häftlings Ágnes Rózsa*, Nürnberg 2006, S. 95–352, hier: S. 227. Zu den Handlungsspielräumen der Häftlinge siehe Nikolaus Wachsmann, *KL. Die Geschichte der nationalsozialistischen Konzentrationslager*, Berlin 2015, S. 573 ff.

135 Der Begriff »Rettungswiderstand« geht auf Wolfram Wette zurück, der ihn allerdings für »Helfer und Retter in der Uniform« der Wehrmacht, Polizei und der SS reserviert. Er versteht deutsche »Helfer« und »Retter« jüdischer Mitbürger als Widerstandshandelnde, die »praktisch und konkret nach unten hin [wirkten]«, ohne »Befehlslagen oder Machtstrukturen zu verändern«. Wolfram Wette, »Helfer und Retter in der Wehrmacht als Problem der historischen Forschung«, in: ders. (Hg.), *Retter in Uniform. Handlungsspielräume im Vernichtungskrieg der Wehrmacht*, Frankfurt a. M. [3]2003, S. 11–31, hier: S. 27.

136 1. Frankfurter Auschwitz-Prozess. »Strafsache gegen Mulka u. a.«, 4 Ks 2/63, Landgericht Frankfurt a. M., 24. Verhandlungstag, 6.3.1964. Vernehmung des Zeugen Hermann Langbein, S. 49. Zum Widerstand und den Widerstandsmöglichkeiten in Auschwitz siehe Hermann Langbein, *Menschen in Auschwitz*, Wien 1978, S. 276 ff., S. 278, S. 291, S. 292. »Widerstand in einem Vernichtungslager bedeutete Schutz des Lebens. […] Neben der Rettung von Menschenleben drängte sich im Vernichtungslager jedem, der über seine Person und den Stacheldraht hinausdenken konnte, eine weitere Aufgabe auf: Die Wahrheit über die Vernichtungsmethoden des Nationalsozialismus nicht mit den Opfern untergehen zu lassen.«

137 Georges Didi-Huberman, *Bilder trotz allem*, übersetzt von Peter Geimer, München 2007, S. 71.

138 Jean Cayrol, *Lazarus unter uns*, übersetzt von Sigrid von Massenbach, Stuttgart 1959, S. 18. Den Hinweis auf Jean Cayrol verdanke ich Holger Brohm, der dem Zusammenhang von »Terror und Traum« im Rahmen einer weiträumig angelegten »Kulturgeschichte des Traums« nachgeht, die von der Antike bis in die Gegenwart reicht und sich weiteren literarischen Feldern, ästhetischen Verfahren des Traums und der Bedeutung des Träumens auch in anderen Gewalträumen wie den Straf- und Arbeitslagern in der Sowjetunion widmet. Wichtige Anregungen zu den politischen Implikationen von »Schlaf und Schlaflosigkeit« verdanke ich wiederum dem gleichnamigen Masterseminar, das ich gemeinsam mit Zoë Herlinger und Waldemar Isak im Wintersemester 2018/19 ausgerichtet habe. Mit ihrem Buch *Endlose Nacht. Träume im Jahrhundert der Gewalt* (Frankfurt a. M. 2016) hat Barbara Hahn die eindringlichste und umfangreichste zeithistorische Traumforschung vorgelegt. Gegenüber ihren Traumforschungen im 20. Jahrhundert konzentriere ich mich im Folgenden auf den Aspekt des aisthetischen Widerstands sowie auf eine politische Leseweise von Freuds Werk *Die Traumdeutung*.

139 Jean Cayrol, *Lazarus unter uns*, a. a. O., S. 35.

140 Ebd., S. 18.

V. Aisthetischer Widerstand

1 Erving Goffman, *Das Individuum im öffentlichen Austausch. Mikrostudien zur öffentlichen Ordnung*, übersetzt von R. und R. Wiggershaus, Frankfurt a. M. 1982, S. 54–71, hier: S. 55, S. 62 f.

2 Ebd., S. 67.

3 Ebd.

4 Friedrich Nietzsche, *Die fröhliche Wissenschaft*, in: KSA, Bd. 3., § 256, S. 517.

5 Goffman greift für seine exemplarischen Analysen u. a. zurück auf Eugen Kogon, *Der SS-Staat. Das System der deutschen Konzentrationslager*, Frankfurt a. M. 1949 und auf David B. Boder, *I Did Not Interview the Dead*, Urbana/IL 1949. Erving Goffman, *Asyle. Über die soziale Situation psychiatrischer Patienten und anderer Insassen*, übersetzt von Nils Lindquist, Frankfurt a. M. 1973, S. 27, S. 36, S. 13 ff.

6 Dazu die bedeutende Studie von Renate Lachmann, *Lager und Literatur. Zeugnisse des Gulag*, Konstanz 2019, S. 129 ff.; sowie dies.; »›Zermenschlichung.‹ Wie Literatur extreme Erfahrung fortschreibt«, {geschichtedergegenwart.ch/zermenschlichung-wie-literatur-extreme-erfahrung-schreibt/}, letzter Zugriff am 12.12.2020. »Eine Stufe zur Entmenschlichung ist die Desintegration der Persönlichkeit, die Gustaw Herling-Grudziński in seinem Gulag-Bericht *Die Andere Welt* im folterartigen Erpressen eines Geständnisses erkennt, durch das der Häftling ›gebrochen‹ werden soll. Julius Margolin erlebt Entmenschlichung als Verlust seiner Identität. Mit der Bezeichnung dieses Vorgangs – ›razčelovečenie‹: als ›Zermenschlichung‹ übersetzbar – versucht er, diese das Ich betreffende Zersetzung, den Angriff auf die Selbstwahrnehmung, zu fassen. Zermenschlichung, die Leitvokabel in seinem großen Lagerbericht *Reise in das Land der Lager*, könnte als Überbegriff für alle Lagertexte gelten.«

7 Das altgriechische Wort »aisthesis« bedeutet »Wahrnehmung«, »Empfindung«, »Sinneseindruck«. Käte Meyer Drawe stellt den »pathischen« Gehalt der »Aisthesis« im Sinne Bernhard Waldenfels' heraus. Zur phänomenologischen Pointierung im Hinblick auf den wahrnehmenden Leib siehe Käte Meyer-Drawe, »Aisthesis«, in: Winfried Böhm/Ursula Ladenthin/Gerhard Mertens (Hg.), *Handbuch der Erziehungswissenschaft*. Bd. 1: *Grundlagen All-*

gemeine Erziehungswissenschaft, Paderborn/Wien/Zürich 2008, S. 537–546. Zum »Pathos« als Affekt, Ereignis und Widerfahrnis siehe Bernhard Waldenfels, *Bruchlinien der Erfahrung. Phänomenologie – Psychoanalyse – Phänomenotechnik*, Frankfurt a. M. 2002, S. 14–34. Ich verwende Nietzsches' Wortschöpfung der »Erfindsamkeit«, um den »aisthetischen Widerstand« ausgehend vom gewaltsam angetanen Leid, von der Schmerzsensibilität und der situativen Erfindungskraft zu konturieren. Friedrich Nietzsche, *Jenseits von Gut und Böse. Vorspiel einer Philosophie der Zukunft* (1886), in: KSA, Bd. 5, § 225, S. 161 u. ö.

8 Jean-Bertrand Pontalis, *Zwischen Traum und Schmerz*, übersetzt und mit einem einleitenden Essay von Hans-Dieter Gondek, Frankfurt a. M. 1998, S. 40.

9 Zur »kleinen Form« bzw. »kleinen Literatur« siehe Gilles Deleuze/Félix Guattari, *Kafka. Für eine kleine Literatur*, übersetzt von Burkhart Kroeber, Frankfurt a. M. 1976, S. 38 f.

10 Sigmund Freud, *Die Traumdeutung*, in: GW, Bd. II/III, Frankfurt a. M./London 1942, S. 415.

11 Ebd., S. 137.

12 Freud macht Wilhelm Fliess erstmals in einem Brief vom 21.12.1897 auf dieses Verfahren der Zensur aufmerksam: Sigmund Freud, Brief an Fließ vom 21.12.1897, in: ders., *Aus den Anfängen der Psychoanalyse. Abhandlungen und Notizen aus den Jahren 1887–1902*, herausgegeben von Marie Bonaparte, Anna Freud und Ernst Kris, Frankfurt a. M. 1962, S. 225: »Hast Du einmal eine ausländische Zeitung gesehen, welche die russische Zensur an der Grenze passiert hat? Worte, ganze Satzstücke und Sätze schwarz überstrichen, so daß der Rest unverständlich wird«.

13 Den für die Erschließung der Traumentstellung relevanten Zensurbegriff hat Freud in: *Die Traumdeutung*, a. a. O., S. 147 f. in prominenter Weise ausgearbeitet.

14 Ebd., S. 217.

15 Ebd., S. 224.

16 Ebd., S. 140.

17 Ebd., S. 586.

18 Ebd., S. 28; Louis-Ferdinand-Alfred Maury, *Le sommeil et les rêves: études psychologiques sur ces phénomènes et les divers états qui s'y rattachent: suives de recherches sur le développement de l'instinct et de l'intelligence dans leurs rapports avec le phénomène du sommeil*, Paris 1861, S. 134 f.

19 Gilles Deleuze/Félix Guattari, *Anti-Ödipus. Kapitalismus und Schizophrenie I*, übersetzt von Bernd Schwibs, Frankfurt a. M. 1977, S. 279. Gilles Deleuze/Claire Parnet, *Dialoge*, übersetzt von Bernhard Schwibs, Frankfurt a. M. 1980, S. 48 f.

20 Gilles Deleuze/Félix Guattari, *Kafka. Für eine kleine Literatur*, a. a. O., S. 38 f.

21 Siehe dazu Sigmund Freud, »Die Widerstände gegen die Psychoanalyse«, in: GW, Bd. XIV, Frankfurt a. M./London 1948, S. 97–110.

22 Sigmund Freud, *Die Traumdeutung*, a. a. O., S. 202.

23 George Didi-Huberman, *Überleben der Glühwürmchen*, übersetzt von Markus Sedlaczek, München 2012, S. 136.

24 Walter Benjamin, Brief an Gershom Scholem vom 03.07.1934, in: *Gesammelte Briefe*, Bd. IV, herausgegeben von Christoph Gödde und Henri Lonitz, Frankfurt a. M. 1998, S. 357.

25 Charlotte Beradt hat von 1933 bis 1939 im »Deutschen Reich« Träume gesammelt, die »ihre Wurzeln direkt im Boden der die Träumer umgebenden politischen Gegenwart« hatten, bei denen es sich gewissermaßen um von der »Diktatur diktierte Träume« handelt. Eine kleinere Auswahl ihrer Traumsammlung nebst Essay veröffentlichte Beradt erstmals in englischer Sprache unter dem Titel »Dreams under Dictatorship«, in: *Free World*, Oktober 1943, S. 333–337. Siehe in deutscher Sprache: Charlotte Beradt, *Das Dritte Reich des Traums. Ein Klassiker der Traumdokumentation*, neu herausgegeben und mit einem Nachwort versehen von Barbara Hahn, Frankfurt a. M.

2016; Barbara Hahn will in den von Charlotte Beradt aufgezeichneten Träumen eine »Theorie totaler Herrschaft« erkennen (»›Ein kleiner Beitrag zur Geschichte des Totalitarismus‹. Nachwort«, in: ebd., S. 148–155, hier: S. 154). »Für den Historiker« hingegen, so Reinhard Koselleck, »der sich mit der Geschichte des Dritten Reiches beschäftigt, stellt die vorliegende Dokumentation der Träume eine Quelle ersten Ranges dar. Sie öffnet Schichten, an die selbst Tagebuchnotizen nicht heranreichen. Die erzählten Träume [...] führen uns exemplarisch in die Nischen des scheinbar privaten Alltags, in den die Wellen der Propaganda und des Terrors eindringen. Sie zeugen vom anfangs offenen, dann schleichenden Terror, dessen gewaltsame Steigerung sie vorwegnehmen.« Reinhard Koselleck, »Nachwort«, in: Charlotte Beradt, *Das Dritte Reich des Traums. Ein Klassiker der Traumdokumentation*, herausgegeben von Reinhard Koselleck, Frankfurt a. M. 1981, S. 115–132, hier: S. 118.

26 Caroline Fetscher, »Exil in London. Freuds letzte Adresse auf dem Planeten«, {www.tagesspiegel.de/wissen/exil-in-london-freuds-letzte-adresse-auf-dem-planeten/23970560.html}, letzter Zugriff am 06.08.2019.

27 Sigmund Freud, *Tagebuch 1929–1939. Kürzeste Chronik*, herausgegeben und eingeleitet von Michael Molnar, Basel/Frankfurt a. M. 1996, S. 407–414.

28 Ebd., S. 427.

29 Ebd., »Postscript: Freuds Tod«, S. 473.

30 Eva Gesine Baur, *Freuds Wien. Eine Spurensuche*, Wien 2008, S. 219–221; Sarah Pines, »Sigmund Freuds letzter Sommer«, {www.welt.de/kultur/article174775760/Sigmund-Freuds-letzter-Sommer-In-London-wurde-er-zum-Popstar.html} letzter Zugriff am 09.08.2019.

31 Sigmund Freud, *Jenseits des Lustprinzips* (1920), in: GW, Bd. XIII, Frankfurt a. M./London 1940, S. 3–69, hier: S. 11.

32 Ebd., S. 10.f

33 Franz Hessel, zitiert nach Walter Benjamin, »Die Wiederkehr des Flaneurs«, in: *Gesammelte Schriften*, Bd. III: *Kriti-*

ken und Rezensionen, herausgegeben von Hella Tiedemann-Bartels, Frankfurt a. M. 1991, S. 194–199, hier: S. 198.

34 »*Wir sind sehr arm an Schwellenerfahrungen geworden. Das Einschlafen ist vielleicht die einzige, die uns geblieben ist. (Aber damit auch das Erwachen.)*« Walter Benjamin, *Das Passagen-Werk*. Erster Band, herausgegeben von Rolf Tiedemann, Frankfurt a. M. 1983, S. 617 f.

35 Georges Didi-Huberman, *Bilder trotz allem*, übersetzt von Peter Geimer, München 2007, S. 44.

36 Primo Levi, *Ist das ein Mensch?*, übersetzt von Heinz Riedt, aktualisierte Ausgabe, München 2010, Nachwort zur Neuausgabe, S. 167–169, hier: S. 167.

37 »Der Entwurf der Zeugenschaft über die Hölle taucht aus der Hölle selbst auf, und nicht erst danach.« Luba Jurgenson, *L'Expérience concentrationnaire est-elle indicible?*, Paris 2003, S. 61.

38 Primo Levi, »Primo Levi antwortet auf Fragen seiner Leser«, in: ders., *Gespräche und Interviews*, herausgegeben von Marco Belpoliti, übersetzt von Joachim Meinert, München/Wien 1999, S. 187–235, hier: S. 187.

39 Georges Didi-Huberman, *Wenn die Bilder Position beziehen. Das Auge der Geschichte I*, übersetzt von Markus Sedlaczek, München 2011, S. 32.

40 Primo Levi, »Unsere Träume« (1977), in: ders., *Die dritte Seite. ›Liebe aus dem Baukasten‹ und andere Erzählungen und Essays*, übersetzt von Hubert Thüring und Michael Kohlenbach, Basel/Frankfurt a. M. 1992, S. 21–23.

41 Primo Levi, *Die Untergegangenen und die Geretteten*, übersetzt von Moshe Kahn, München 1990.

42 Primo Levi, *Ist das ein Mensch?*, a. a. O., S. 61.

43 Ebd., S. 23.

44 Dr. Leonardo De Benedetti, Chirurg/Dr Primo Levi, Chemiker, »Bericht über die hygienisch-gesundheitliche Organisation des Konzentrationslagers für Juden in Monowitz (Auschwitz – Oberschlesien)«, in: Primo Levi, *Bericht über Auschwitz*, übersetzt von Martina Kempter, herausgege-

ben und kommentiert von Philippe Mesnard, Berlin 2006, S. 59–96, hier: S. 64 f. In ihrem Bericht äußern sich die beiden Freunde auch über die »Ausstattung der Häftlinge von Monowitz für die Winterzeit.« Diese »bestand aus einer Jacke, einem Paar Hosen, einer Mütze und einem Mantel aus gestreiftem Tuch; aus einem Hemd, einer Stoffunterhose und einem Paar Schuhe mit Holzsohlen. Viele Fußlappen und viele Unterhosen waren offensichtlich aus einem ›Thaled‹ herausgeschnitten – dem heiligen Mantel, mit dem sich die Juden beim Beten zu bedecken pflegen –, gefunden in den Koffern von Deportierten und in dieser Weise verwendet zum Zeichen der Schmähung.« Die Wäsche sei nach 30, 40 oder 50 Tagen gewechselt worden gegen Kleidung, die niemals gewaschen, sondern lediglich »dampfdesinfiziert« gewesen sei, »immer widerlich anzusehen, voll Flecken aller Art; oftmals zerfetzt [...], vollgesogen mit Schmutz«.

45 Erving Goffman, *Asyle*, a. a. O., S. 24–32; Primo Levi, »Primo Levi antwortet auf Fragen seiner Leser«, a. a. O., S. 231.

46 Leonardo De Benedetti, »Aussage über Monowitz (1946?)«, in: Primo Levi, *So war Auschwitz. Zeugnisse 1945–1986*, mit Leonardo De Benedetti, herausgegeben von Domenico Scarpa und Fabio Levi, übersetzt von Barbara Kleiner, Darmstadt 2017, S. 58–62, hier: S. 60 f.

47 Dr. Leonardo De Benedetti, Chirurg/Dr. Primo Levi, Chemiker, »Bericht über die hygienisch-gesundheitliche Organisation des Konzentrationslagers für Juden in Monowitz (Auschwitz – Oberschlesien)«, a. a. O., S. 67.

48 »Es gibt keine unterscheidbaren Sphären mehr. Drinnen und Draußen. Tag und Nacht. Wachen und Schlafen. [...] Wer dauernd aufwacht, dem ist das Aufwachen versagt«, so der erhellende Kommentar von Barbara Hahn, *Endlose Nacht. Träume im Jahrhundert der Gewalt*, Frankfurt a. M. 2016, S. 181–183.

49 Primo Levi, *Ist das ein Mensch?*, a. a. O., S. 35.

50 Ebd., S. 59. Von den Hungerträumen berichtet auch der ehemalige Häftlingsarzt Władysław Fejkiel, »Der *Hunger* in

Auschwitz«, in: *Hefte von Auschwitz*, Nr. 8 (1964), S. 3–14. »Auch ich entging diesen Träumen nicht. Als ich mich wegen Hungerdurchfall in Block 28 des Krankenbaus befand, hatte ich einmal einen Traum, dass ich zusammen mit einer Menge Katzen in einem Bottich voller Sahne badete, der im Keller meiner Mutter stand. Ich zitterte davor, meine Mutter könne jeden Augenblick hereinkommen. Das Schlimmste war jedoch, dass ich in der Sahne zwar schwimmen, sogar tauchen konnte, aber es mir nicht gelang, sie zu trinken. Als ich erwachte, sah ich über mir das Gesicht meines Freundes Janusz Krzywicki, eines Warschauer Offiziers. Sein Anblick vergegenwärtigte mir, daß ich im Lager war.« Herbert Obenaus weist auf zwei Aufstands- und Ausbruchsversuche hin, die durch die »befehlsmäßige« Kürzung der Lebensmittelrationen motiviert waren und im Buchenwalder Außenlager Mülsen-St. Micheln bei Zwickau vom 1. auf den 2. Mai 1944 sowie im KZ Mauthausen in der Nacht vom 28. zum 29. Januar 1945 stattfanden. »In Mülsen verhinderten die Wachmannschaften den Ausbruch mit Waffengewalt.« In Mauthausen waren als Folge der Hungerpolitik von ursprünglich 4700 sowjetischen Häftlingen nur noch 570 Menschen am Leben; 500 beteiligten sich am Aufstand: »419 konnten das Abwehrfeuer der SS überwinden und aus dem Lager fliehen.« Herbert Obenaus, »Hunger und Überleben in den nationalsozialistischen Konzentrationslagern (1938–1945)«, in: Manfred Gailus/Heinrich Volkmann (Hg.), *Der Kampf um das tägliche Brot. Nahrungsmangel. Versorgungspolitik und Protest, 1770–1990*, Opladen 1994, S. 361–376, hier: S. 367.

51 Primo Levi, *Ist das ein Mensch?*, a. a. O., S. 36.

52 Ebd., S. 61.

53 Ebd., S. 54.

54 Dazu Jacques Derrida (im Gespräch mit Jean Birnbaum), *Leben ist Überleben*, übersetzt von Markus Sedlaczek, Wien 2005, S. 32 f.

55 Primo Levi, *Ist das ein Mensch?*, Nachwort zur Neuausgabe, a. a. O., S. 167.

56 Ebd., S. 39.

57 Die beiden folgenden Seiten decken sich mit meinen Ausführungen in *Undienlichkeit. Gewaltgeschichte und politische Philosophie*, Berlin 2020, S. 283–285.

58 Jacques Derrida, »›A Self-Unsealing Poetic Text‹ – Zur Poetik und Politik des Zeugnisses«, in: Peter Buhrmann (Hg.), *Zur Lyrik Paul Celans*, Kopenhagen/München 2000, S. 147–182.

59 »Man muß sich nur einmal vorstellen, diese Berichte würden der Gegenseite bekannt und von ihr ausgeschlachtet. Aller Wahrscheinlichkeit nach wäre eine derartige Propaganda wirkungslos, und zwar allein deshalb, weil die Leute, die davon hören oder darüber etwas lesen, ganz einfach nicht bereit sind es zu glauben.« *Nazi Conspiracy and Aggression* (10 Bde.), Bd. 1, Washington, DC 1946, S. 1001; siehe dazu Hannah Arendt, »Nach Auschwitz«, dies., *Nach Auschwitz. Essays und Kommentare 1*, übersetzt von Eike Geisel, Berlin 1989, S. 7–30, hier: S. 14 f.

60 Primo Levi, *Die Untergegangenen und die Geretteten*, a. a. O., hier freilich zitiert nach der deutschen Übersetzung des Originals von Stefan Monhardt in: Giorgio Agamben, *Was von Auschwitz bleibt. Das Archiv und der Zeuge* (*Homo sacer III*), übersetzt von Stefan Monhardt, Frankfurt a. M. 2003, S. 137, S. 153, da die deutsche Ausgabe von 1993 an dieser Stelle ein Zitat aus Simon Wiesenthals *Doch die Mörder leben* wiedergibt.

61 Primo Levi, *Ist das ein Mensch?*, a. a. O., S. 57 f.

62 Ebd., S. 41.

63 Ebd.

64 Georges Didi-Huberman, *Bilder trotz allem*, a. a. O., S. 71.

65 Jean Cayrol, *Lazarus unter uns*, übersetzt von Sigrid von Massenbach, Stuttgart 1959, S. 18.

66 Michel Fabréguet, *Mauthausen. Camp de concentration nationalsocialiste en Autriche rattachée (1938–1945)*, Paris 1999, S. 74 f.

67 »Der Steinbruch in Mauthausen«, in: *Tranvia*, Nr. 28

(März 1993), S. 14 f.; zitiert nach Nikolas Wachsmann, *KL. Geschichte der nationalsozialistischen Konzentrationslager*, Berlin 2015, S. 279.

68 »Durch die Initiative des Internationalen Roten Kreuzes kam es im April 1945 zur Entlassung von über 500 Franzosen aus Gusen. Insgesamt wurden mindestens 2.400 Häftlinge französischer Nationalität nach Gusen deportiert, mindestens 1.000 davon kamen in Gusen ums Leben.« {www.mauthausen-memorial.org/de/Gusen/Das-Konzentrationslager/Haeftlinge/Franzosen}, letzter Zugriff 20.02.2021.

69 Jean Cayrol, *Lazarus unter uns*, a. a. O., S. 15.

70 Ebd., S. 16, S. 45.

71 Ebd., S. 32.

72 Ebd., S. 18.

73 Ebd., S. 35.

74 Ebd., S. 21.

75 Ebd., S. 16.

76 Ebd., S. 18.

77 Ebd., S. 21 f.

78 Ebd., S. 7. Barbara Hahn erkennt in den Träumen, die Cayrol »der Nachwelt überliefert, [...] Dokumente des Widerstands. Wenn die Träumer eine innere Rückzugszone behielten, dann konnten sie überleben.« Barbara Hahn, *Endlose Nacht*, a. a. O., S. 155.

79 Jean Cayrol, *Lazarus unter uns*, a. a. O., S. 18.

80 Ebd., S. 17.

81 Ebd., S. 16.

82 Elmer Luchterhand, *Einsame Wölfe und stabile Paare. Verhalten und Sozialordnung in den Häftlingsgesellschaften nationalsozialistischer Konzentrationslager*, herausgegeben und eingeleitet von Andreas Kranebitter und Christian Fleck, Wien 2018, S. 99. Bei der Publikation handelt es sich um die 1953 abgeschlossene Doktorarbeit *Prisoners Behavior and Social System in Nazi Concentration Camps*. Siehe dazu die Rezension von Götz Aly (in: *Süddeutsche Zeitung*, 14.12.2018). Mit herzlichem Dank an Lutz Fiedler.

83 Bruno Bettelheim, der zwischen 1938 und 1939 selbst im KZ Dachau und im KZ Buchenwald inhaftiert war, hat ausgehend von seinen eigenen Erfahrungen und seiner psychoanalytischen Arbeit mit Überlebenden des Holocaust eine »Psychologie der Extremsituation« entwickelt. Bettelheim wandte sich dem doppelten Problem des »Überlebens« zu. Das eine betraf die »persönlichkeitszersetzende« Erfahrung des »Gefangenseins in einem deutschen Konzentrationslager, das die soziale Existenz völlig zerstörte« und durch »schlimmste Mißhandlungen«, Folter, Terror und ständige Lebensgefahr bestimmt war. Das andere bezog sich auf die »lebenslangen Nachwirkungen eines solchen Traumas, die ganz besondere Formen der Bewältigung erfordern, wenn man ihnen nicht erliegen soll.« Bruno Bettelheim, *Erziehung zum Überleben. Zur Psychologie der Extremsituation*, übersetzt von Edwin Ortmann, Rudolf Hermstein und Brigitte Weitbrecht, Stuttgart 1980, S. 34.

84 Andreas Kranebitter/Christian Fleck, »Elmer Luchterhands Forschungen zu nationalsozialistischen Konzentrationslagern. Eine Einleitung«, in: Elmer Luchterhand, *Einsame Wölfe und stabile Paare*, a. a. O., S. 7–36, hier: S. 27.

85 Erving Gofman, *Das Individuum im öffentlichen Austausch*, a. a. O., S. 54–71.

86 Jacques Derrida spricht von der »Ent-Aneignung«, die die Beziehung zum Anderen voraussetze. Jacques Derrida, »›Man muß wohl essen‹ oder die Berechnung des Subjekts«, in: ders., *Auslassungspunkte*, übersetzt von Karin Schreiner und Dirk Weissmann, unter Mitarbeit von Kathrin Murr, Wien 1998, S. 267–298, hier: S. 282.

87 Christian Goeschel, *Selbstmord im Dritten Reich*, übersetzt von Klaus Bindner, Berlin 2011, S. 179.

88 Jean Améry, *Jenseits von Schuld und Sühne. Bewältigungsversuche eines Überwältigten*, München 1966, S. 34.

89 Thomas ›Toivi‹ Blatt, *Sobibór – der vergessene Aufstand*, Hamburg/Münster 2004, S. 83.

90 Ebd.
91 Ebd., S. 85.
92 Ebd.
93 Ebd., S. 86.
94 Ebd., S. 83.
95 Ebd.
96 Ebd., S. 85.
97 Ebd., S. 83.
98 Thomas T. Blatt, *Nur die Schatten bleiben. Der Aufstand im Vernichtungslager Sobibór*, Berlin 2001, S. 178 f.; siehe auch Thomas ›Toivi‹ Blatt, *Sobibór – der vergessene Aufstand*, a. a. O., S. 83–84.

Nachwort

1 Anders als die Macht, die sie befohlen, »lizensiert«, »delegiert«, die sie ausgelöst, in Bewegung gesetzt hat oder hat gewähren lassen, »spricht [die Gewalt] nicht«. Zu den unterschiedlichen Verhältnisbestimmungen von Macht und Gewalt, ihren institutionellen Ausprägungen und organisatorischen Verflechtungen siehe die differenzierte Analyse von Jan Philipp Reemtsma, »Die Gewalt spricht nicht«, in: ders., *Die Gewalt spricht nicht. Drei Reden*, Stuttgart 2002, S. 7–46, hier: S. 42. Gewalthaber, Gewalttäter und Gewaltbeauftragte wollen ihre Opfer zum Schweigen bringen, doch sie drängt es, auf je eigene Weise zum Sprechen und Bezeugen jener sprachlosen Gewalt, die sie erlitten haben. Nachdem er moniert, dass die Sozialwissenschaften u. a. als Instanz des Dritten »in einer blutigen Welt« die Gewalt marginalisiert haben, macht Reemtsma die kulturell neue »Deutungsautorität« der Opfer »über die Welt« namhaft, die ihnen nunmehr zugeschrieben werde: »So spielen die Opfer eine Doppelrolle. Sie sind die unmittelbar von der Gewalt Betroffenen, aber sie sind auch die, die reden und deuten und damit die Gewalt in der

Welt verorten – und das ist Kommunikation. Die Opfer vertreten und ersetzen den Dritten, der die Gewalttat sieht und weiß, was sie sozial bedeutet. Die kommunikative Funktion der Gewalt ist ab- und anwesend zugleich.« Jan Philipp Reemtsma, *Vertrauen und Gewalt, Versuch über eine besondere Konstellation der Moderne*, Hamburg 2008, S. 488–493.

2 Michael Rothberg, *Multidirectional memory. Remembering the Holocaust in the age of decolonization*, Stanford/CA 2009, S. 1–29. Siehe jetzt auch die deutsche Ausgabe *Multidirektionale Erinnerung. Holocaustgedenken im Zeitalter der Dekolonialisierung*, übersetzt von Max Henninger, Berlin 2021.

3 Sigmund Freud, »Über Deckerinnerungen«, in: GW, Bd. I, Frankfurt a. M./London 1951, S. 529–545.

4 Evelina Volkmann, »Shoa«, in: *Metzler Lexikon Religion*, Bd. 3: *Paganismus – Zombie*, herausgegeben von Christoph Auffarth u. a., Stuttgart 2000, S. 302–305. »Mit dem hebräischen Wort *Shoa* (›Katastrophe‹, am. ›Shoah‹ geschrieben), das biblischen Ursprungs ist (Jes 10,3), wird im Hebräischen bereits seit den 1940er Jahren die vom deutschen Nationalsozialismus verübte Verfolgung und Ermordung von ca. sechs Millionen europäischer Juden und Jüdinnen bezeichnet. In Verbindung mit dem Artikel (*haShoa*) ist es zum Inbegriff für die Katastrophe der jüdischen Geschichte geworden. Die Wahl des Terminus Shoa impliziert eine Distanzierung von dem seit Ende der 1970er Jahre vorherrschenden Ausdruck Holocaust.«

5 Michael Rothberg, *Multidirectional memory*, a. a. O., S. 111 ff., S. 335; W.E.B. Du Bois, »The Negro and the ›Warsaw Ghetto‹«, in: *Jewish Life* 6 (1952), S. 14–15. Rothberg verweist diesbezüglich auf Harald Brackman, »›A Calamity Almost Beyond Comprehension‹: Nazi Anti-Semitism and the Holocaust in the Thought of W. E. B. Du Bois«, in: *American Jewish History* 88/1 (2000), S. 53–93; außerdem auf die Studie von Eric J. Sundquist, *Strangers in*

the land: Blacks, Jews, post-Holocaust America, Cambridge/MA 2005, S. 435 ff. sowie auf Emily Miller Budick, *Blacks and Jews in Literary Conversation*, New York 1998. Siehe ferner, gerade auch mit Blick auf die in Deutschland aktuell geführte Debatte um die Schriften Achille Mbembes, die Rothberg in die Tradition des »multidirektionalen Erinnerns« an verschiedene rassistische Geschichten der Gewalt rückt: Michael Rothberg, »Das Gespenst des Vergleichs«, {www.goethe.de/prj/lat/de/dis/21864662.html}, letzter Zugriff am 26.12.2020.

6 Aimé Césaire (1913–2008) aus Martinique, Léon Gontran Damas (1912–1978) aus Genua und Léopold Sédar Senghor (1906–2001) aus dem Senegal, die sich in den 1930er Jahren als Studenten in Paris begegneten, setzten sich mit der *Harlem Renaissance* auseinander, mit der diasporischen Kultur Afrikas, insbesondere in der französischen Karibik. Sie gründeten 1935 die Zeitschrift *L'Étudient noir* und entwickelten das philosophisch-poetische Konzept und die politische Bewegung der *Négritude*, die sich als Ausdruck der Revolte gegen das koloniale Frankreich verstand. Aus der Fülle der Literatur siehe nur Léopold Sédar Senghor, *Négritude und Humanismus*, herausgegeben und übersetzt von Janheinz Jahn, Düsseldorf 1968; Philippe Dewitte, *Les mouvements nègres en France 1919–1939*, Paris 1985; Irene Albers (Hg.), *Blicke auf Afrika nach 1900. Französische Moderne im Zeitalter des Kolonialismus*, Tübingen 2002; Jeremy Braddock, *Paris, capital of the black atlantic. Literature, modernity, and diaspora*, Baltimore 2013; Gary Wilder, *Freedom Time. Négritude, Decolonization, and the Future of the World*, Durham, NC 2015.

7 Michael Rothberg, *Multidirectional memory*, a. a. O., S. 66 ff.; Aimé Césaire, *Über den Kolonialismus*, übersetzt sowie mit einer Vorbemerkung und Anmerkungen versehen von Heribert Becker, Berlin 2017, S. 28 f. In der polemischen Einschätzung Césaires ist jedoch eine problematische Nivellierung von kolonialer und vernichtungspolitischer

Gewalt erkennbar, bei der die jeweilige Spezifik verloren geht: »Ja es wäre schon der Mühe wert [...], dem ach so humanen, ach so humanistischen, ach so christlichen Bourgeois des 20. Jahrhunderts begreiflich zu machen, dass er selbst einen Hitler in sich trägt, [...] und dass im Grunde das, was er Hitler nicht verzeiht, nicht das Verbrechen an sich, das *Verbrechen gegen den Menschen* ist, nicht *die Erniedrigung des Menschen an sich*, sondern das Verbrechen gegen den *weißen* Menschen, die Erniedrigung des *weißen* Menschen und dass er, Hitler, kolonialistische Methoden auf Europa angewendet hat, denen bislang nur die Araber Algeriens, die Kulis in Indien und die Neger Afrikas ausgesetzt waren.«

8 Jean Améry, »Die Tortur«, in: ders., *Werke*, Bd 2: *Jenseits von Schuld und Sühne*, herausgegeben von Irene Heidelberger-Leonard, Stuttgart 2002, S. 55–85, hier: S. 59 und S. 74.

9 Dan Diner, »Verschobene Erinnerung. Jean Amérys ›Die Tortur‹ wiedergelesen«, in: Yfat Weiss/Ulrich Bielefeld (Hg.), *Jean Améry. »... als Gelegenheitsgast, ohne jedes Engagement«*, Paderborn 2014, S. 73–78.

10 Paul Gilroy, »Fanon and Améry. Theory, Torture and the Prospect of Humanism«, in: *Theory, Culture & Society* 27 (2010), S. 16–32.

11 Dazu der höchst instruktive Aufsatz von Lutz Fiedler, »›Schicksalsverwandtschaft?‹ Jean Amérys Fanon-Lektüren über Gewalt, Gegengewalt und Tod«, in: *Naharaim. Zeitschrift für deutsch-jüdische Literatur und Kulturgeschichte*, Bd. 11, Heft 1–2 (2017), S. 132–165, hier: S. 154 f.

12 Ebd., S. 134. Jean Améry, war, so Fiedler, auf Frantz Fanons *Peau noire, masques blanc* (Paris 1952) zunächst in Gestalt eines Vorabdrucks »Die gelebte Erfahrung des Schwarzen« in der Zeitschrift *Esprit* gestoßen.

13 Jean Améry, »Erlösung in der Revolte« (1966), in: ders., *Werke*, Bd. 7: *Aufsätze zur Politik und Zeitgeschichte*, herausgegeben von Stephan Steiner, Stuttgart 2005, S. 413–421.

14 Jean Améry, »Die Geburt des Menschen aus dem Geist der Violenz«, in: ders., *Werke*, Bd. 7, S. 428–449.

15 Ebd., S. 443. »Die Freiheit, die Würde müssen über den Weg der Violenz erkämpft werden, um Freiheit und Würde zu sein«.

16 Jean Améry, »Im Warteraum des Todes« (1969), in: ders., *Werke*, Bd. 7, S. 450–474, hier: S. 452.

17 Ebd., S. 453 f.

18 Ebd., S. 460 f. Diese Verschiebung in Amérys Argumentation arbeitet Lutz Fiedler pointiert heraus: »›Schicksalsverwandtschaft?‹ Jean Amérys Fanon-Lektüren über Gewalt, Gegengewalt und Tod«, a. a. O., S. 158.

19 James C. Scott, *Weapons of the Weak. Everyday Forms of Peasent Resistance*, New Haven/CT/London 1985.

Textnachweis

Beim vorliegenden Buch handelt es sich um die erweiterte und bearbeitete Fassung des Aufsatzes: »Widerstands- und Gewaltforschung, überkreuz«, in: *Kulturwissenschaftliche Zeitschrift* 1 (2019), S. 5–42.

Erste Auflage Berlin 2021

MSB Matthes & Seitz Berlin Verlagsgesellschaft mbH
Göhrener Straße 7, 10437 Berlin
info@matthes-seitz-berlin.de

Umschlaggestaltung: Dirk Lebahn, Berlin
Satz: Monika Grucza-Nápoles, Berlin
Druck und Bindung: GGP Media GmbH, Pößneck
ISBN 978-3-7518-0510-0
www.matthes-seitz-berlin.de